アリストテレスの形而上学

アリストテレスの形而上学

——自然学と倫理学の基礎——

坂 下 浩 司 著

〔岩波アカデミック叢書〕

岩 波 書 店

凡例

一、テクストは基本的にOxford Classical Texts(OCTと略記)に収められているものを用いる。OCTの読みを取らない場合あるいはテクストがOCTにない場合はその都度注記する。

二、訳文における「( )」という記号(丸カッコ)は私による補いまたは説明である。ギリシア語テクストにおける丸カッコは、私による丸カッコと区別するために、訳文では「―― ――」(罫線)で置き換えられている。

三、注において著作名を挙げるときは以下の略号を用い、巻数をローマ数字で、章数をアラビア数字で表記する(『形而上学』のみ巻数をギリシア字母で表記する)。

A Po.＝*Analytica Posteriora*『分析論後書』
Cat.＝*Categoriae*『カテゴリアイ(範疇論)』
DA＝*De Anima*『デ・アニマ(魂について)』
DC＝*De Caelo*『デ・カエロ(天について)』
EE＝*Ethica Eudemia*『エウデモス倫理学』
EN＝*Ethica Nicomachea*『ニコマコス倫理学』
GA＝*De Generatione Animalium*『動物発生論』
GC＝*De Generatione et Corruptione*『生成消滅論』
Int.＝*De Interpretatione*『命題論』

Met. = *Metaphysica*『形而上学』

PA = *De Partibus Animalium*『動物部分論』

Phys. = *Physica*『自然学』

Pol. = *Politica*『政治学』

Top. = *Topica*『トピカ（論拠集）』

目　次

目　次

文　索
献　引

序論　本書全体の構想

本書の目的は、W・イェーガーの発展史的解釈によってほぼ完全に否定されたかのように思える体系的解釈を、アリストテレス研究の一つの姿勢として現代においても有効に機能するものに練り直すことである。なぜこのような試みがなされねばならないのか。それをまず説明しておきたい。

発展史的解釈がもたらした成果は決して小さくはない。たとえば、『エウデモス倫理学』という著作は、イェーガー以前は偽作ではないかと疑われ、あまり重視されてこなかった。しかし発展史的に初期に位置づけられることによって、『エウデモス倫理学』は、今日では真作と認められ、『ニコマコス倫理学』との思想的相違の意味の解明が重要な研究課題となっている。また、発展史的解釈以前の体系的解釈では、『カテゴリアイ（範疇論）』の実体論の図式をそのまま『形而上学』の実体論の解釈に持ち込むことに何の疑いも持たれていなかった。しかし現在では、その無視できない相違のために、『カテゴリアイ』の実体論は初期のものとして、(1)『形而上学』の実体論とは別個に論じられるようになった。

このように発展史的解釈の功績はいくら評価してもしきれないのであるが、当初思われていたほどの成果は上げることができなかった。すなわち、アリストテレスの著作全体の相対的執筆年代に関する諸研究は、その文献学的困難さもあって、著しい不一致に陥ったのである。[2] もちろんこれは、《イェーガーと彼に従った研究者たちの失敗にすぎないのであって、新しい構想のもとに発展史的解釈を打ち立てることが可能だ》という姿勢をとることもできるであろう。[3] しかし発展史的解釈の問題はそれだけにとどまらなかった。発展史という手法は、解釈上の困難を、単に執筆年代の差に解消するだけの安易なものになりがちであったとの反省が生じてきたのである。[4] すなわち、アリストテレスのテクストに不整合のようにみえる箇所が見いだされた場合に、整合的に解釈する努力が怠られがちになり、発展史的解釈は哲学的な深みに欠けるものになってしまったのである。

そこで、発展史的解釈に代わる別のアプローチが必要であるのだが、実のところ、アリストテレス研究の新たな方向性を我々はまだ手に入れていない。現在は堅実ではあるが非常に細分化されたテーマで研究がなされているという状況である。しかしこの状況は決して放置されるべきではない。発展史的解釈によってアリストテレスは、プラトン的な神学研究者・存在論の研究者・個別的な実証的学問の研究者等々に解体され、一人の哲学者としてのアリストテレスが見えなくなってしまった。それは現在でも全く改善されていない。のみならず、アリストテレス像の分裂はますます著しくなっている。この状況ゆえであろうか、最近になって、アリストテレスの発展史的側面と体系的側面をどう総合するか、アリストテレスを全体としてどのようにとらえるかという問題意識に立った研究が出始めている。[5]

このような研究動向の中で拙論の試みるのが、体系的解釈の練り直しである。これは当然、発展史的解釈以前の古いタイプの体系的解釈の問題点を克服したものでなければならない。その問題点とは、①体系性がアリストテレスの著作集(Corpus Aristotelicum)全体に成り立つという想定、②解釈を構成する際に恣意的にテクストを切り取ってきてつなぎ合わせるという手法、③単なる諸学問の集合を体系にする「基礎づけ」の概念のネオ・プラトニックな性格、

④特にアリストテレスの神学の解釈の場合に著しかった、F・ブレンターノ流のキリスト教的投影である。

①は、アリストテレスの哲学がもっている無視できない重要な陰影を消してしまう。本書は、現在一般に承認されている執筆順序を前提としながら、アリストテレスの著作集全体に相対的執筆年代を無視した過度の整合性を求めない。

②は、テクストの緻密な分析が要求される現代のアリストテレス研究に全く合わない。拙論は、現代の分析的文献学的手法を徹底して用いる。

③が問題であるのは、諸学を基礎づけるものが伝統的には形而上学の役目だとされているが、その形而上学の理念がネオ・プラトニストの古代の注釈家の手になるものだということである。いいかえるなら、イデアによる諸学の基礎づけがモデルとされているのである。[6] しかし、アリストテレスの学問論である『分析論後書』は、「イデアによる諸学の基礎づけ」という考えに批判的であり、特に第一巻第七巻と第九章では、ある学に固有な原理を別の学が論証(あるいは演繹)することはできないとしている。そうであってみれば、アリストテレス的な「諸学の基礎づけ」――それが可能かどうかもこれからおこなわれる研究の結果を待たなくてはならないのだが――は、通常の(ネオ・プラトニックな)ものとはかなり異なるものになるはずである。いやむしろ、通常理解される限りの「諸学の基礎づけ」は、アリストテレスの場合ありえないのである。拙論は、『分析論後書』の学問論に抵触しないような何らかの仕方での「基礎づけ」を模索し、それを遂行できる学のことを「形而上学(第一哲学)」と呼ぶ。[7] アリストテレス独自の「諸学の基礎づけ」の形態――諸学の関係の仕方――を自覚的に探求するという点でも、本書は古いタイプの体系的解釈とは一線を画する。

④を強調するのは、私自身がアリストテレスの神学を解釈の中心に置いているからである。一九世紀末にアリスト

テレスの形而上学の本性について画期的な問題提起をしたP・ナートルプは、当時の解釈はアリストテレスの神学を前面に出しすぎていると批判していた。(8) すると、私の取ろうとしている神学中心の立場は、ある意味で、一九世紀には(おそらくはそれ以前にも)或る意味で既に通説だったのである。では、ナートルプが対決した当時の神学中心の解釈と私のそれとはどこが違うのだろうか。それは、端的に言うならば、当時解釈されていたアリストテレスの神学とは、いわゆるキリスト教神学が多かれ少なかれ投影されたものであったのに対して、私の解釈するそれは、アリストテレスのテクストそのものから取り出されてきたアリストテレスに固有のものだということである。たとえば一九世紀のブレンターノは、アリストテレスの神は世界の創造者であり、世界についてはその個別的歴史的なことまですべて知っていると主張した。しかし、このような考えは、E・ツェラーによって徹底的に批判され、現在ではブレンターノ流のキリスト教的投影をおこなう研究者はほとんどいなくなったのである。本書が探求するアリストテレスの神学は、世界を創造したのではなく全知でもない神を対象とする。だが、そのような神がどんな存在論的・自然学的・倫理学的意味を持ちうるのか。創造者・全知者としての神を対象とする神学がこれらの意味を持つことはほとんど自明であると言えよう。しかしそうではないアリストテレスの神がはたしてどのような意義をどれだけ持ちうるかは決して自明ではない。いやむしろ疑わしいとさえ言えるのではないか。G・E・M・アンスコムによると、哲学者A・マイノンクは、アリストテレスの神学の頂点に位置する「思惟の思惟」を、「抱かれうる最も精巧で最も無意味な思想」と見なしたという。(9) これは、多かれ少なかれアリストテレスの神学について現在一般に抱かれている考えでもあるのではないか。「重要でないとは決して言えないが、どれだけの意味があるかは疑問だ」というように。そのため、アリストテレス独自の神学は未知の土地のままになっているのではないだろうか。その土地を自覚的に探求することが、古いタイプの体系的解釈との大きな違いである。

さてまず第一部では、アリストテレスの形而上学(第一哲学)の核心をなす存在論と神学の関係が究明される。二〇世紀のアリストテレス研究は、一言で言えば、ブレンターノ的な研究態度からの脱却を目指したのであるが、それでは、一九世紀に先駆的にブレンターノを批判した当のツェラーは、この問題についてどう考えたのだろうか。ツェラーは、アリストテレスにおいて存在論と神学が密接に結びつけられていることは認める。しかし、その結びつけが矛盾なく完遂されうるかどうかは別の問題であり、その問いにはただ否定的にしか答えられないであろうとする。そして、この困難は、アリストテレスの実体概念の二義性に深く根ざしているという。すなわち、アリストテレスは、質料なしの形相を実体としながら、他方で、質料を持った個物も実体であるとする。前者の視点を取れば実体の探求は、質料なしに存在する不変の実体すなわち神に限定され、後者の視点を取れば、実体の探求にはそのような限定がなくすべての存在が含まれるのだとツェラーは説明している。(10)

このツェラーの説から何が分かるだろうか。ブレンターノ風にキリスト教神学を投影したアリストテレス解釈を用いることは、問題があったとはいえ、アリストテレスの思想に一貫した太い線を見いだしやすくしていた。これに対して、そのような解釈をいったん放棄すると、アリストテレスの中に様々な《矛盾》が見いだされるようになり、神学に代わる新しい視点として存在論(実体論)が前面に出されるようになったのである。神学に比べると《ニュートラル》に思える存在論の重視は、現代のアリストテレス研究の論理性・分析性・科学性につながっている。アリストテレスに分析哲学や近代科学の先駆をみること自体は一つの試みとして評価されるべきことではある。しかし、それも行き過ぎれば当然問題もでてくる。たとえば、現代のアリストテレス目的論研究では、アリストテレスは、雨が生き物のために降るといったような世界の目的論的性格を認めておらず、生き物の或る器官がその生き物のためになっているといった生物体内部の合目的性しか認めていなかったとする研究者が多い。これなどは、近代科学の立場の投影であって、アリストテレスそのものを解明しようとはしていないとは言えないだろうか。つまり、キリスト教神学の投影された解釈を退けることによって同時に神学そのものの視点も退けられ、解釈に中心を失った結果、別の種類の現代的な投影がおこなわれるにいたったのではないだろうか。私自身としては、アリストテレスをアリストテレス自身から解釈するためにも、もう一度、神学の視点をはっきりと中心に据えることが必要だと考える。それゆえ、私の立場を特徴づけるならば、「新・神学的解釈」と呼ぶことができるであろう。

ところで、存在論と神学の関係については、「神学がそれ自体として、存在としての存在の属性の研究に関わることにはならない」ので「神学と存在論を結び付けるアリストテレスの試みは結局のところ失敗している」のではないかという根本的な疑問が提出されている。(11) もしそうであれば、アリストテレスの形而上学はその根本において深刻な困難を抱え込んでいることになるが、どうなのだろうか。第一部はこの問題を中心に議論が展開されている。ここで焦点になる神の規定は「世界の第一原因」であるが、この点はキリスト教神学でもアリストテレス神学でもかわらない。それゆえ、第一部は、二〇世紀の反キリスト教神学的解釈に対して、むしろそれ以前の解釈に近いものへ帰り、それを深めるという結果になった。

まず第一章で、従来の解釈を四つのタイプに分けて概観し、それらの解釈の問題点を指摘する。次に、『形而上学』の主要テクストの議論構造の分析に入る。これは、引用を恣意的につなぎ合わせるのではなく、一連のまとまったテクストの思考の流れを徹底して追跡するものである。この作業においては、もちろん新しい研究書も参照したが、むしろ古い時代の息の長い逐語的な註解が役立った。特にギリシア注釈家のアレクサンドロスや中世のトマス・アクィナスの『「形而上学」注解』から学ぶところが多かった。トマスの註解は「このテクストは二つに分けられる。第一の部分は三つに分けられる」というようにテクストを区分する記述から始まるが、無味乾燥なこの記述がテクストの議論の構造や流れを考える際にはかえって有益であった。テクスト分析のその鋭さのゆえに、トマスの註解は現在でももっと参照されてよいように思われた。

さてこうして第一部第二章では、『形而上学』Γ巻第二章の註解を試み、アリストテレスの存在論すなわち「存在としての存在(τὸ ὂν ᾗ ὄν)の学」の内実を明らかにしようとする。τὸ ὂν ᾗ ὄν の学とは、抽象的で内容が空虚な存在概念の学ではなく、また神学と内容的に同一な学でもなく、実体を中心とするプロス・ヘン構造によってオンの多様性を統一的に説明し、さらに基体としての実体と反対性質というシェーマによって実体の多様性を統一的に説明する学であるとする。さらに第三章では、『形而上学』E巻第一章とΓ巻第一章などの註解を通じて、そのようにして明らかにされた存在論と神学の関係を解明しようとする。τὸ ὂν ᾗ ὄν の学は、神学の準備学としてこそ必然的に要請され、形而上学は根本的に神学であるがゆえに存在論(ここでは τὸ ὂν ᾗ ὄν の学のこと)でもあると結論している。

第二部では、自然学と形而上学の関係を問題にする。アリストテレス固有の神学を明らかにするという本書の姿勢は、特に第二部から鮮明になる。ここでは主としてアリストテレスにおける神の存在証明の問題が取り扱われるが、従来の見解とはかなり異なった説を提示することになる。

従来は、『自然学』第八巻で、神(不動の動者)が、自然的世界における動の永遠性を保証する究極の始動因としてその存在を自然学的に証明されると解されてきた[12]。この説の根にあるのは、アラビアの哲学者たちの間にあった「形而上学の主題(subiectum)」をめぐる対立であると考えられる。たとえばアヴィセンナは、神が形而上学の主題にならないとした。およそ「学の主題(subiectum scientiae)」というものは、それが存在するということが、その学に対して前もって確立されていなければならない。(13) しかし、神を対象とすることは、形而上学以外の学にはできない。したがって、神の存在は形而上学に対して事前に確立されるのではない。ゆえに、神は形而上学の主題ではないのである。これに対してアヴェロエスは、「神の存在の証明は形而上学においてのみおこなわれる」というアヴィセンナの説を批判して、神の存在証明は自然学でおこなわれるのだとした。それゆえ、神の存在は形而上学に対して事前に確立されるのであり、神は形而上学の主題となりうることになるのである。(14)

このように、神の存在を証明するのは自然学だとする見解は非常に古いものなのである。しかしこの解釈に従えば、アリストテレス自身が『形而上学』E巻第一章における学問分類論で、不動かつ離在する実体としての神は自然学の対象にはならないと明言しているにもかかわらず、『自然学』第八巻ではまさに神を自然学の対象としていることになるという困難を引き起こしてしまう。(15)

そこで私は、そもそも『自然学』第八巻は本当に不動の動者の存在を証明できているのかということを問題にしたい。私の答えは「否」である。アリストテレスの場合、神の存在は、『形而上学』(Λ巻)において、エンドクサ(通念)の方法を通じて神がヌース(知性)であることを示されることによって、証明されるというのが私の考えである。アリストテレスは、神を、世界から超越したものと考えているが、そのようなものの存在は、世界内の事物を対象とする自然学によっては蓋然的にしか示すことができず証明不可能である。世界から超越するものとしての神は、質料から超越するヌースと神が同定されることによって、その存在が確定される。――このような線で私は考える。

具体的には、『形而上学』Λ巻において突然に神がヌースであるとされていることをとりあげる。(16) これは次のようなことである。すなわち、『形而上学』Λ巻において、神に関わる問題が論じられるのは第六章以降であるが、第六章と第七章の途中までは『自然学』第八巻で述べられたことがほぼ忠実になぞられているのに対して、第七章の途中からは『自然学』第八巻では語られなかったこと、すなわち神がヌースであることが突然論じられはじめ、なぜ神がヌースだということになるのかが非常に分かりにくいというのである。

従来は、この突然さを解消してしまうか、あるいは了解不能だとするかしかしていないが、私はむしろこの突然さを方法論的に反省すべきであると考える。すなわち、アリストテレスは、『形而上学』Λ巻第七章の途中から自然学を超えていこうとしており、そのために、自然的世界とその第一の始源との依存関係を考察するという自然学的観点から、人間と神との類比関係を考察するという別の観点へ、移行していると私はとらえているのである。人間と神との類比関係を考察するとは、人間における神の類比物（これがヌースである）を把握してそれを神にふさわしいように卓越化させることである。このように、突然さの問題は、単に整合性の問題としてではなく、考察方法の根本的な変更として捉え直したほうが実り多いのではないだろうか。

ところで私は、人間と神の類比を正当化するものは「エンドクサ（通念）」であると考えている。しかしそうすると、アリストテレスの形而上学の真理性は、エンドクサの真理性に大きく依存してしまうことになる。エンドクサが何か不確かなものであるとすれば、それを出発点とする形而上学もまた不確かなものとなり、学としてふさわしくないものになってしまう。また、『自然学』第八巻が、通常の解釈とは異なって、超越的なものとしての神の存在証明はできていないとすれば、それを保証するのもエンドクサということになるが、この点はどうか。これらの問題を考察するため、エンドクサの真理性もあわせて論じる。議論のポイントは、エンドクサに基づくディアレクティケーの真理論が、アリストテレスの真理論としてよく知られた対応説的真理論（言論＝ロゴスと事柄＝プラーグマの一致ないし対応が真理であるとする説）とどう両立するかということである。

第三部では、形而上学と倫理学の関係を問題にする。形而上学を主題とする書物の中で倫理学の考察が大きな部分を占めることは本書の大きな特徴であろう。形而上学(第一哲学)は「観想」(θεωρία)に、実践学は「実践」(πρᾶξις)に極まると考えられるが、人間の幸福の成立において観想と実践が独特の関係を結ぶことがここでは示される。理論学と実践学は学問としては全く異なっており、[17] その限りで第一哲学と倫理学は切り離されている。しかし、それらの学問の成果を人間は、幸福の成立において或る仕方で協同させるのであり、このような仕方で理論学と実践学の《分断》は困難を引き起こさないようになっていると私は考える。

それに対して従来の幸福解釈は観想と実践を結び付けることはしていない(あるいはできていない)。たとえば或る解釈は、観想と実践と外的諸条件(財産や権力)の自体的に価値あるものをもてるかぎりもつことが、アリストテレスの幸福概念であるとする(「包括的解釈」と呼ばれる)。しかし、これは言わば寄せ集めであり、観想と実践は並列されているだけであって、相互に関係をもたない。また別の解釈は、観想が幸福成立の必要十分条件だとして、実践その他は観想の促進という目的の手段としてのみ必要になるとする(「排他的解釈」と呼ばれる)。しかし、これは観想と実践を或る意味で結び付けているものの、それらの関係が目的手段関係だとはアリストテレスは言わないので、観想と実践の結び付けは成功していない。

さて、その際転回点になると私が考えるのが、観想とは何かという問いである。従来は、数学や自然学や第一哲学などの理論的知識を獲得すること、あるいは、「書斎で本を読んだりすること」(!)が、観想だとされてきた。それに対して私は、幸福の成立にかかわる観想を、神を観想することに限定し、観想の対象の神そのものの有り方を明らかにすることによって、観想とは何かという問いに答えようとする。私の考えるところでは、アリストテレスの神は思惟の思惟として端的に自己自身しか思惟していない。つまり徹底的に自己関係活動をいとなむ知性である。彼の神は、世界を創造せず、世界に命令することもない。世界内にある事物は、己の実現すべき規定をピュシス（自然本性）という形ですでにもっている。それゆえ、彼の神は世界内の事物の知識を持っていなくても、ピュシスという可能態を現実活動させるための働きをしていればそれでかまわないのである。その働きが、私の考えでは、純粋な自己関係活動なのである。

さて、アリストテレスの神が営んでいるのは、世界についての知をもたない純粋に自己関係的な活動なので、そのような神を観想するということは、特定の理論的知識を思惟することではなく、自己関係活動を知性において再現するということ、いいかえれば、知性の一つのあり方――これが、プロネーシス（思慮）の目的になることによって、魂全体のそして人間のあり方を決定する――ではないかと私は考えるのである。

では、知性の一つのあり方としての自己関係活動とは何か。それは簡単に言えば、自己を意識する働きではないかというのが私の考えである。もちろん、アリストテレスに哲学的な「自己意識」の考えがあったわけではないから、もっと素朴な、大人なら誰にでも可能なもののことを言っているのである。アリストテレスのテクストにおいてそれは二つの局面が確認できると思われる。一つは、自分と他人を切り離して区別し、これによって自己を意識することである。『ニコマコス倫理学』第十巻第七章と第八章で、観想する人は、働きかける相手からも協同者からも活動の手段からもすべてから切り離されて、ただひとりになれることが強調されていることがそれにあたる。純粋な自己関係活動としての神を観想するとき、ひとはひとりであるものとして自分を意識するであろう。そしてこのようなひとが「最も自立的・自足的（αὐταρκέστατος）」な人間であるとアリストテレスはするのである。また、『エウデモス倫理学』第一巻第三章（一二一五a一二～一九）によれば、自己を意識する神的な働きのもう一つの局面は、自己を配慮するということである。この二点で観想は「自己」（αὐτός）の確立なのだと私は考える。

アリストテレスは、観想を行うならば「完全な幸福」(τελεία εὐδαιμονία)が成立すると言うが、この「完全」とは、私の立場では、「その形相ないし本質をそれだけで実現している」という意味で「完全」である。[18] 実際、アリストテレスは、『ニコマコス倫理学』第十巻第七章で、幸福の本質的特徴をいくつも列挙して、観想がそれらの特徴をもっともよく実現していることを示そうとしている。そして、自足性は完全性のいいかえとして用いられるほどに[19]、完全性をもっともよくあらわす特徴である。そうだとすれば、観想によって実現される、自足性の確立すなわち「自己」の確立が、「完全な幸福」の確立であるといえるのではないか。——私は観想をこのような線で捉えていきたい。

そしてこの点が観想と実践の関係において重要なのである。なぜなら、「各人は諸々の善が自己のものになるのを願うのであって、たとえすべてを手にするのであっても、(自分ではなくなって、完全に)他人になってだとしたら、それを選ぶ人はない[20]」という言葉からも分かるように、所有の願望は「自己」を前提としているからである。また、実践を成立させる重要な要素であるプロネーシスは「自分自身にとっての善[21]」にかかわっており、実践に際しての責任の根拠は「自分を配慮する力があること[22]」だからである。

そして、人間の共同性あるいは人間関係に関しても自立性ないし自足性が鍵になる。アリストテレスは『政治学』第一巻第二章において、人間の共同体の生成を、男と女および主人と奴隷→家→村→国という順序で説明するが、「完成された共同体である国」は「言わば自足性の限界に達している」(一二五二b二八～二九)と言い、「自足性が終極目的であり最善のものなのである」(一二五三a 一)としている。つまり、共同体の拡大は自足性の拡大とみられており、自足性の拡大が善いことだとされているのである。さらに、個人個人の人間関係である「ピリアー・愛」(φιλία)も「自己」が問題になる。自分が愛する人は「第二の自己」(ἄλλος αὐτός)であり、誰かを愛する人は自分が愛する人に「自己」を見いだすとされるからである。[23]

以上のような共同体と愛の理論から分かるように、政治や人間関係を含む広い意味での実践は「自己」(*αὐτός*)の拡大であるといえるのではないか。[24] そして、幸福の形相が「自己」の確立によって実現されるのであれば、自足性や「自己」の拡大とは幸福の拡大を意味するのではないだろうか。[25]

さて、そうだとすると、拡大した幸福には観想も実践も含まれていることになるから、「観想が『自己』を確立し、そのことによって『完全な幸福』が成立する。実践が『自己』を拡大し、そのことによって幸福が拡大する」という解釈を提示する私は、一種の包括的解釈を採らなければならないということになる。

しかし、先にも述べたように、従来の包括的解釈には、観想と実践が単に並列されているだけでその関係が分からないという困難がある。それに対して、排他的解釈は、観想と実践が「目的・手段」関係をとりむすんでいるとするのであるが、アリストテレスはそのようなことはどこにも述べていないのであった。それゆえ、包括的解釈を採るのであれば、観想と実践の関係を具体的に明らかにしなければならない。私としては、実践を考える際に特にプロネーシスに着目していきたい。なぜなら、アリストテレスは、観想と実践の関係といったものをはっきりとは論じていない——だからこそ従来の解釈者は苦しんできたわけである——が、観想の徳であるソピアーと実践の徳であるプロネーシスの関係については何度か触れており、このソピアーとプロネーシスの関係から観想と実践の関係を解明できるのではないかと思われるからである。このことは、『ニコマコス倫理学』第六巻第一二章と一三章におけるヌースとプロネーシスの関係を論じた箇所に基づいて、そして『エウデモス倫理学』第八巻第三章の末尾(一二四九b三〜二三)の分析を通じて示される。

(1)　Jaeger 自身は *Cat.* を偽作としたのであるが。Jaeger, (1), p. 45.

(2)　たとえば、Jaeger,(1) は *Met.Λ* を初期だとしたが、Guthrie, (1) は後期だとした。*Met.* を構成する諸巻の執筆順序(相対的執筆年代)にいたっては研究者ごとに見解が異なっていると言える。

(3) たとえば、Rist のように。

(4) 本書第一部第一章の発展史的解釈の項を参照。

(5) たとえば、Graham がそうであろう。

(6) ネオ・プラトニストの古代の注釈家は、「形而上学」(Metaphysica) の原語「*τὰ μετὰ τὰ φυσικά*」の「*μετά*」(後に)——すなわち「自然学的なものの後に(研究すべきもの)」——を、「*ὑπέρ*」あるいは「*ἐπέκεινα*」(超えて)——すなわち「自然学的なものを超えて(存在するもの)」——とも読み変えるが、この「*ἐπέκεινα*」はプラトンの『国家』第六巻で善のイデアを描写する言葉として登場する「*ἐπέκεινα τῆς οὐσίας*」(509B)と深く関係している。これについては、Reiner の論文を参照。

(7) よく知られているようにアリストテレス自身は「形而上学」という名称を一度も用いなかった。彼が用いていたのは「第一哲学(*πρώτη φιλοσοφία*)」であった(『形而上学』E巻第一章)。これは直接には「神学(*θεολογική*)」のことを指すのであるが、一つの領域学としての狭い意味での神学を超えて非常に独特な仕方で「存在としての存在(*τὸ ὂν ᾗ ὄν*)の学」と結合する(本書第一部)。それゆえ、アリストテレスの神学は単なる領域学ではないという意味でやはり第一哲学と呼ぶしかしようがないものである。ところで、私の見るところでは、アリストテレスの第一哲学は自然学的倫理学的意義も持っている。すなわち、第一哲学は、自然学と倫理学を論証はしないが、自然学や倫理学が独力では獲得できないような基礎を与えている——いいかえると、自然学や倫理学の対象を存在の上で支えているものを解明する点で一種の「基礎づけ」をおこなっている——(本書第二部・第三部)。そこで私は、存在としての存在の学と神学が結合した学である第一哲学およびその自然学的倫理学的意義を含めた全体を「形而上学」と呼びたいと考えているのである。

(8) 本書第一部第一章の存在論的解釈の項を参照。

(9) Anscombe/Geach, p. 59. 邦訳一〇四頁。

(10) Zeller, (2), pp. 270-271.

(11) Ackrill, (1), p. 119. 邦訳二五四頁。

(12) cf. Guthrie, (3), p. 252.

(13) *A Po.* I 1, 71a11-13 に由来する考え(Zimmermann, p. 91)。*A Po.* II 1, 89b32-35 も参照。
(14) Zimmermann, pp. 116-117.
(15) Lang, (2), p. 74.
(16) cf. Arnim, p. 62.
(17) *EN* VI 1, 1139a9.
(18) *EN* X 4, 1174a14-16.
(19) *EN* I 7, 1097b20.
(20) *EN* IX 4, 1166a19-21.
(21) *EN* VI 5, 1140a26.
(22) *EN* III 5, 1114a3.
(23) *EN* VIII 12, 1161b28-29; IX 4, 1166a32; IX 9, 1169b6-7.
(24) 「自己」の拡大とは、別の角度から言えば、「何を『自己』として見るかということを規定する視野の拡大」のことである。
(25) 私がここで、幸福の「拡大」というのは、幸福の形相は既に完成されており、あとは、その規模を量的あるいは空間的に拡げることに力点が置かれるからである。

第一部　アリストテレスにおける形而上学の本質

——存在論と神学の関係について——

第一部は、端的に、アリストテレスにおける形而上学の本質を問う。形而上学のことをアリストテレスは、「第一哲学」あるいは単に「ソピアー」と呼んでいた。これは、存在論と神学が独特の仕方で結合した学である。それゆえ、その結合の仕方を具体的に明らかにすることが、アリストテレスにおける形而上学の本質の解明につながると考えられる。

第一章では、従来の解釈が四つのタイプに分けて紹介・批評される。すなわち、存在論的解釈、発展史的解釈、神学的解釈、両立的(折衷的)解釈である。そのうち、拙論が主としてチャレンジするのは一番新しい四番目の解釈である。また、従来は、アリストテレスの存在論すなわち「存在としての存在(τὸ ὂν ᾗ ὄν)の学」の内実が確定されていなかった点が大きな問題であることが指摘される。第二章は、主な論敵である両立的(折衷的)解釈の、特に『形而上学』Γ巻第二章における「諸実体の統一的把握の方式」に関する説が検討され、この説には結局テクスト上の証拠が存在しないことが明らかにされる。同時に、その方式の新しい解釈が提示され、アリストテレスの存在論の内実が解明される。第三章では、そのようにして明らかにされた存在論と神学の結合方式について新しい解釈が試みられる。

第一章　従来の解釈の四つのタイプ

(一)　存在論的解釈

このタイプの解釈を代表するのは、P・ナートルプである。ナートルプは、アリストテレスが「第一哲学」と呼んでいるものの対象について、『形而上学』Γ巻とE巻とでは統一的な仕方では理解できないことを述べていると考えた。すなわち、Γ巻第一章と第二章では、第一哲学の対象は、「存在としての存在」(τὸ ὂν ᾗ ὄν)、つまり存在一般だと述べられている(この場合に第一哲学は「存在論」である)のに対して、E巻第一章では、理論的な学問の三分類に基づいて、不動でありかつ離在するもの、つまり神が第一の学の対象だと述べられている(この場合に第一の学は「神学」である)。しかし、神は存在論としての第一哲学の一つの対象ではあっても断じて唯一の対象ではないのであるから、第一哲学の課題のこの二重の把握は耐えがたい矛盾を含んでいる。このようにナートルプは主張した[1]。

この矛盾に対するナートルプの解法のポイントは、アリストテレスの第一哲学における神学的要素をできるかぎり後景に押しやり、存在論的要素を強調することである。(それゆえ、このような解釈は「存在論的解釈」と呼ばれている。)つまり、アリストテレスにおいては、感覚的実体の考察には飽きることなく取り組まれるの対し、神学的考察は関心の前景に出てくることすらなく、これに積極的に直接に従事することは、多くの著作を通じて絶えずあとまわしにされている。それなのに、後世の人たちが、アリストテレスにおける神学的要素を前景に押し出してしまったのだという。[2]

そこでナートルプは『形而上学』E巻第一章において神学に言及している二つの箇所、「理論的な学問の三分類」(一〇二六a一八～一九)および「最も尊い学は最も尊い類にかかわらなければならない」(一〇二六a二一～二三)を、極めて古いペリパトス派の誰かによる挿入だとした。[3] また、この二箇所を除いたE巻第一章の残部にしても、これ以前のA巻・B巻・Γ巻との関連がはっきりせず、Z巻以下との関連もはっきりしないとして、E巻第一章の残部を次のように説明した。すなわち、それはもともと第一哲学の序論の比較的初期の草稿であったが、その後のB巻・Γ巻の完成によって排除された。そして、それが遺稿の中に保存されたのだが、アリストテレスの著作集の編纂者が、それを補足として『形而上学』に付け加えてしまった[4]——このように説明したのである。

さて、ナートルプ説には、ここでは触れることの出来なかった個々の論点に興味深いものが見られるものの、自分の解釈に都合の悪いテクストをすべて切り捨てており、存在論的解釈には相当の無理があるように思われる。第一哲学の対象として神を無視することはやはりできない。

(二)　発展史的解釈

そこでW・イェーガー[5]は、どちらもアリストテレス自身の考えであるが、ただし別々の時代に属する考えだとした。すなわち、アリストテレスは、初めのうちはプラトンの影響を受けて、神学としての第一哲学という考えをもっていたが、後になって存在論としての第一哲学という考えをもつようになったと主張した。この発展史的解釈は圧倒的な影響力を持ち、多くの研究者が、細部においてはイェーガーと異なるものの、発展史的アプローチで問題に取り組み始めることになった。しかし、イェーガーのこの解釈に正面衝突するテクスト、すなわち『形而上学』E巻第一章の末尾（一〇二六a二三〜三二、特に二七〜三二）において存在論と神学が結び付けられているように思われる次のようなテクストがあり、このことがイェーガー説の最大の難点だとされている。(6)

「もし自然によって構成された実体より他に何らかの別の実体が存在しないなら、自然学が第一の学であろう。しかし或る不動の実体が存在するなら、それを対象とする学がより先であり第一の哲学であって、そしてそのような仕方で普遍的である、なぜならそれは第一なのだから。そして存在としての存在について、それが何であるかということと、存在としての存在に属するものどもを考察することが、その学に属するであろう。」(7)（一〇二六a二七〜三二）

それゆえ、存在論と神学（もしくはそれらの対象の「存在としての存在」と神）が結びつく仕方を考察することが以後の研究の中心となっていくのである。

（三）　神学的解釈

この解釈の代表者は、J・オーエンスとP・マーランである。

彼らはまず、以前のタイプ（一）（二）の解釈に共通する或る考えを批判する。それは、「存在としての存在」とは「存在一般」とか「抽象的なもの」、言い換えるなら、「最も抽象的で、最も内容が空虚で、それゆえ最も広い外延をもつ概念」に他ならないという考えである。オーエンスは、古代にはそのような考えが無かったことはもちろんのこと、中世においても無かったということを強調する。「存在は類ではない」というアリストテレスの命題を受け入れていた中世の思想家たちにとって、存在は、類的概念のように外延の増大に応じて内容が減少するというものではなく、最大可能な外延を享受しつつも最大可能な内包を所有するものであり、「空虚な概念」というものからは程遠く、(8)現代の我々も多かれ少なかれ持っている、このような「存在=空虚な抽象的概念」という考え方は、ヴォルフ的なものにすぎない(9)のだとオーエンスは主張する。

このように、従来の「存在としての存在」に対する考え方を批判した上で、彼らは、存在としての存在とは、「離在的かつ不動の存在」つまり卓越した存在たる神的存在・不動の実体・第一実体に他ならないと主張する(10)(それゆえ「神学的解釈」と呼ばれている)。また、彼らは自分達が古代の解釈(11)と基本的に同じ解釈をしていることを強調する。(12)しかし、もちろんそのことがただちに解釈の正さを保証するわけではない。マーランによると、この解釈の決定的なテクスト上の証拠は、『形而上学』E巻第一章に対応している『形而上学』K巻第七章の一〇六四a二八～b三であるという。この箇所の議論の流れを、彼は次のようにまとめている。

① *τις ἐπιστήμη τοῦ ὄντος ᾗ ὂν καὶ χωριστόν* がある。
② この学は自然学と同じであるか。
③ 否、(13)自然学は運動変化するものにかかわる。
④ 数学は運動変化しないものにかかわるが、離在するものにはかかわらない。数学と *τὸ ὂν ᾗ ὂν* の学は異なる。(14)

⑤ してみると、離在し且つ不動の存在（*τὸ χωριστὸν ὂν καὶ ἀκίνητον*）にかかわって、前述の両方の学とは別の或る学がある。いやしくも何かそのような実体があるならば。つまり、離在し且つ不動の実体があるならば。そして何かそのような実体が世界の中にあるとしたら、そこにはまさに神的なものがあるであろうし、実にそれが最高で最も本来的な原理であろう。

⑥ それで、理論的な学の3つの類、自然学・数学・神学がある。

マーランは、①の *τοῦ ὄντος ᾗ ὂν καὶ χωριστὸν* を重視し、A・シュヴェーグラー、H・ボーニッツ、D・ロスといった従来の『形而上学』注釈者がこれを注解してこなかったことに注意をうながす。そして、*τὸ ὂν ᾗ ὂν* と *χωριστὸν* との並置を真剣に受け取らなければならないのだと主張する。マーランは、このテクストでは一貫して神的なものが問題になっていることを根拠として、当の *χωριστόν* が神を表していると考え、そして、これと *τὸ ὂν ᾗ ὂν* の並置されていることからして、*τὸ ὂν ᾗ ὂν* と神は同一のものであると解するのである[15]。

さて、アリストテレスの「存在としての存在」が空虚な抽象的概念でないという説には説得力があり受け入れていいであろう。しかし、存在としての存在と神が同一だという説には、どうしても不自然の感がぬぐえない。特に、マーランの場合、存在としての存在は神しか指さないことになる。つまり存在論的要素が完全に神学的要素に解消されてしまうことになり、いっそう奇妙である。この難点に対処するためオーエンスは、存在としての存在と神が同一であるのは一次的な意味においてであり、その他の存在も二次的な意味においてであれば存在としての存在なのだとしている[16]が、基本的に存在としての存在と神を同一とするという点ではなんらかわりはない。

そこで次に出てきたのが、存在としての存在と神を完全に同一としないで、部分的に重ねる、巧妙な、しかし折衷的な解釈である。

(四)　両立的(あるいはむしろ折衷的)解釈

以上に対して、「存在論的解釈も神学的解釈もアリストテレスの第一哲学の持っている一側面をとらえており、全くのまちがいというのではないが、極端すぎ、発展史的解釈は事柄の上での困難を何も説明しない」として、G・パッツィッヒ、V・デカリ、G・レアーレ、H・J・クレーマー、H・ハップといった研究者達が、相次いで、アリストテレスの第一哲学における存在論的要素と神学的要素を両立させようとする説を提出した。

これは簡単に言うと、こういうことである。「τὸ ὂν ᾗ ὄν」というタームにおいて「ᾗ ὄν」は、或るアスペクトを表現している。[17] ᾗ の前にある ὄν を「ὄν1」、ᾗ の後の ὄν を「ὄν2」とすると、ᾗ がアスペクトの表現である限り、ὄν1 と ὄν2 は異なっていなければならないし、ὄν2 は ὄν1 よりも優れた特別な ὄν でなければならない。つまり、ᾗ ὄν は、ᾗ (κυρίως) ὄν という意味なのである。もしそうでなかったなら、τὸ ὂν ᾗ ὄν は単なる同語反復になってしまうであろう。[18]

ところで、この世界には様々な ὄν がある(ὄν という言葉は様々な意味を持つ)のであるが、これらは、ばらばらに存在している(同名異義的である)のではなくて、πρὸς ἕν という仕方で、優れた ὄν すなわち実体に関係することによって統一体を成している(統一的な意味を持つ)。この統一に関わる学が、いわゆる存在論であり、存在としての存在の第一の局面である。つまり、この場合、「τὸ ὂν ᾗ ὄν」の ὄν1 が種々雑多な ὄν、ὄν2 が実体を表すと解されている。[19] そして、この局面の存在としての存在は神とは直接の関係がない。[20]

さて次に、この世界には様々な実体がある、すなわち、月下の消滅的な実体・月上の天体・不動の動者があり、これらは三つの層を成している。実体の三層は、それぞれが無関係に存在しているのではなく、πρὸς ἓν という仕方で[21]、優れた ὂν すなわち不動の動者によって目的論的に統一されている。あるいは、アリストテレス自身が述べているところの統一性(一つであるということ)の二つの仕方「τὰ μὲν πρὸς ἓν τὰ δὲ τῷ ἐφεξῆς」[22]によると、実体の三層は、ἐφεξῆς という系列化によって統一される[23]。この統一に関わる学が、いわゆる神学であり、τὸ ὂν ᾗ ὂν の第二の局面である。この場合、「τὸ ὂν ᾗ ὂν」の ὂν1 が種々雑多な実体、ὂν2 が神を表すと解されるわけである[24]。

かくして、τὸ ὂν ᾗ ὂν は、πρὸς ἓν と ἐφεξῆς によって二重化する。二重化した τὸ ὂν ᾗ ὂν の第一の局面で神と同一でない τὸ ὂν ᾗ ὂν を確保しておき、第二の局面で τὸ ὂν ᾗ ὂν と神を結び付けるのである。

さて、この解釈は、τὸ ὂν ᾗ ὂν の第二の局面として、諸々の実体の、神による目的論的統一をもちだす。しかし、アリストテレス自身は、目的論を提示する際、総じて、τὸ ὂν ᾗ ὂν という概念を示唆することはなく、それ故、そこから、存在としての存在の学それ自体のために何かが明らかにされるということはない。このことはタイプ(四)の解釈の集大成者であるハップ自身が述べていることである[25]。『形而上学』Γ巻第二章でも、目的論的統一が主題的に論じられているようには思われない。テクスト上の根拠としては、一〇〇五a一〇～一一の ἐφεξῆς が挙げられているが、これが目的論的統一を表すという解釈は、後でも述べるように、定説というわけではない。それではなぜ、ハップらは、この説を唱えることができるのか。それは結局、もしそうしなければ、アリストテレスの形而上学が統一的包括的な学としてあることが不可能になってしまうであろうから、ということに尽きてしまう[26]。彼らの説は、τὸ ὂν ᾗ ὂν を二重に解釈することによって、存在論的要素と神学的要素とを、τὸ ὂν ᾗ ὂν という言葉の上だけで結び付けているところの、折衷だと批判することができよう。しかし、存在論と神学を両立させて解釈すべきであるという主張自体には、私は賛成である。この立場については、後でテクストに即しながら詳しく検討することにしたい。

まとめ

以上を振り返って気付かれることは、タイプ(三)以降、研究者の側の「存在論」という概念の問題性に反省が加えられ、アリストテレス自身は存在としての存在の学についてどう考えていたのかということを明らかにしてから、それと神学との関係を論じているということである。この手続き自体は正しいと思われる。しかし、その他の点についてはどうか。

J・H・ケーニヒスハウゼンの指摘するところによると、(27) いままでの研究すべてに共通している問題点は、『形而上学』の色々な巻の様々な箇所を抜き出し、コンテクストを無視してそれらを相互につなぎ合わせ、解釈を構成していることであるという。その抜き出しの作業は、当然、解釈者の先入観に導かれているはずであって、このようなやり方がいかに問題的であるかは容易にみてとれる。従来の議論には、一文一文を注解していくような一貫した究明作業というものが欠けていた。彼自身の説もやはり独自の先入観に導かれているので支持できないが、彼のこの言葉には賛成できる。

そこで拙論は、現在主流になっているタイプ(四)の折衷的解釈を主要な論敵とし、この解釈が論拠とするところの多い『形而上学』Γ巻第二章を統一的に解釈する視点を発見することを目指す。そして、この作業を通じて存在としての存在の学の内実を明らかにする。すると最低限、次のような作業が必要であろう。

（1）『形而上学』Γ巻第二章を統一的に把握できる視点を得ること。特に、折衷的解釈が問題にする「諸実体の統一」が何によって行われているかを見極め、存在としての存在の学の内実を明らかにすること。

（2） その上で、『形而上学』E巻第一章において、神学と存在論がどのような仕方で結び付けられているかを、折衷的解釈とは異なる仕方で明らかにすること。

（3） 最後に、『形而上学』K巻第七章において、存在としての存在と神とが並置されているので、存在としての存在は神を表す」という神学的解釈の主張を検討すること。

これらを明らかにすることによって、最後に、アリストテレスにおける形而上学（第一哲学）の本性が明らかになるはずである。

（1） Natorp, pp. 49-53.
（2） Natorp, pp. 545-546.
（3） Natorp, pp. 51-52, 65.
（4） Natorp, pp. 549-550.
（5） Jaeger, (1).
（6） Happ, p. 316. n. 21.
（7） 原文 1026a30, αὕτη の解釈は Ross に従う。Ross, (1), Vol. I, p. 357.
（8） Owens, (1), pp. 3-4.
（9） Owens, (1), pp. 42, 58, 66.
（10） Owens, (1), pp. 267, 274, 279 ; Merlan, (2), p. 255.
（11） Ascl., 225, 14-17.
（12） Owens, (1), pp. 9-15 ; Merlan, (2), pp. 260-265.
（13） 「否」に相当する言葉はギリシア語原文にはない。Merlanのパラフレーズである。
（14） 「数学と τὸ ὂν ᾗ ὂν の学は異なる」もMerlanのパラフレーズである。

(15)　Merlan, (2), pp. 256-258.——なお、偽アレクサンドロス(アレクサンドロスのものとしてつたわっている *Met*. E-N の注解は彼の手になるものではない)も Merlan と同じ解釈をしている。Ps-Alex., 660, 41 を参照。

(16)　Owens, (1), pp. 36-37, 50, 265.

(17)　Happの用語法。Happ, p. 386.

(18)　Happ, p. 391.また、同じページの n. 392 をみよ。

(19)　Happ, pp. 327-337, 391-392.

(20)　*Met*. Γ 2. 1003a33-b19.

(21)　Patzig は、実体とそれ以外の存在の関係にも、神とその他の実体の関係にも、「πρὸς ἕν」(Patzig の用語では paronymisch/paronymy)を用いる。いいかえると、「πρὸς ἕν」に二つのレベルがあると考えている。Patzig, pp. 41-42 を参照。しかし、神とその他の実体の関係が「πρὸς ἕν」の関係だというテクスト上の証拠が *Met*. の中に示されていなかったことが難点だといわれている。Krämer, p. 348 ; Happ, p. 339.

(22)　*Met*. Γ 2, 1005a10-11.

(23)　Krämer, pp. 339, 349 ; Happ, pp. 337-341.

(24)　Happ, pp. 391-392.

(25)　Happ, p. 338.

(26)　ibid.

(27)　Königshausen, pp. 239-240.

第二章　「存在論」(τὸ ὂν ᾗ ὂν の学)の内実について

――『形而上学』Γ巻第二章の分析――

第一章でも触れたように、『形而上学』Γ巻第二章の始めの部分(一〇〇三a三三～b一九)――これを「Γ2の第一部」と呼ぶことにしよう――では、存在の多様性を「πρὸς ἕν」という構造(「プロス・ヘン構造」と呼ぶ)によって統一的に説明する理論が扱われているのであるが、よく知られているこの箇所については、研究者の間の対立はほとんどない。問題はこの後の部分である。

一〇〇三b一九～二二で「存在としての存在」(τὸ ὂν ᾗ ὂν)の「種」(εἴδη)である限りのものどもを研究することが類的に一つの学に属するということが述べられる。その次に、ケーニヒスハウゼンの言うところの「三つのプロブレム・トポイ[1]」がくる。第一のトポス(一〇〇三b二二～一〇〇四a二)では「ὂν(存在)と ἕν(一)との同一性」が、第二のトポス(一〇〇四a二～九)では「実体のタイプの数だけ哲学の諸部分があり、これらの諸部分には序列があること」が、第三のトポス(一〇〇四a九～一〇〇五a一八)では「ἕν と πλῆθος(多)との反対に還元される様々な反対のものどもについての理論」が、それぞれ論じられる。

しかし、これら三つのトポスの相互関係を理解することは容易ではない。シュヴェーグラー、ロス、オーエンス、ケーニヒスハウゼンらによると[2]、特に第二のトポスが思考の流れを妨げているのだという。第二トポスは、本来、Γ2の第一部の最後にある「哲学者は諸実体の諸々の原理・原因を把握しなければならないであろう」(一〇〇三b一八

～一九)という文の「哲学者」という話題に付随して言われたのであろうから、第一および第三のトポスとは関係がない、と考えられているのである。確かに、第一のトポスと第三のトポスは「ἕν」という話題によって結びついてはいる。しかしそうすると今度は、これらのトポイと、Γ2の第一部の「ὂν の統一理論」との関係がどうなるのかという問題が、すなわち、なぜそもそも「ὂν の統一理論」というこの文脈で「ἕν」という話題がもちだされるのかという問題が、生じてくるのである。

これらの問題を考えるため、本章では、Γ2(特に一〇〇三b一九以下)——これを「Γ2の第二部」と呼ぼう——を、次のような一六のステップに分けて註解する。まずそれぞれのステップの内容を箇条書きにして示す。

『形而上学』Γ巻第二章の内容一覧

・Γ2　全体の意図→現段階では不明

・Γ2の第一部(一〇〇三a三三～b一九)
意図→ὂνの多様な意味の統一的説明(πρὸς ἕν という仕方での実体による統一的説明、それゆえ τὸ ὂν ᾗ ὂν の考察は実体の考察に収斂する)

・Γ2の第二部(一〇〇三b一九～一〇〇五a一八)
意図→現段階では不明

S1　第二部の前文……τὸ ὂν ᾗ ὂν の全ての εἴδη を研究する統一的な学およびそれらを個々に研究する個々の学の存在（一〇〇三b一九〜二二）

・三つのプロブレム・トポイ（一〇〇三b二二〜一〇〇五a一八）

・第一トポス

オンとヘンとの同一性（一〇〇三b二二〜一〇〇四a二）

S2　条件部……オンとヘンとの同一性の主張とその論証（一〇〇三b二二〜三三）

S3　帰結部……「ἓν の εἴδη」の数に応じた「ὂν の εἴδη」の存在……それらの本質を考察する統一的な学の存在（一〇〇三b三三〜一〇〇四a二）

・第二トポス

S4　実体のタイプの数に応じた哲学の諸部分の存在（一〇〇四a二〜九）

・第三トポス

ἓν と πλῆθος との反対に還元される諸々の反対のものどもの理論（一〇〇四a九〜一〇〇五a一八）

S5　対立するものどもを考察する統一的な学の存在……ἓν に対立するのは πλῆθος（一〇〇四a九〜一〇）

S6　否定と欠如についての統一的な学の存在……両方とも ἓν にかかわっていることがその存在の根拠……否定

に種差が加わったものが欠如……欠如における基体的な或るものの存在(一〇〇四a一〇～一六)

S７　先に述べられたものども(同・類似・etc.)に対立するものども(異他・不類似・不等・etc.)を考える統一的な学の存在……それら対立するものどもへの反対性の帰属……反対性は一種の差異であり差異は〔一種の〕異他性であることがその根拠(一〇〇四a一七～二二)

S８　対立するものども多様な仕方で言われる……それらすべてを考察する統一的な学の存在……それぞれの述語における第一のものに言及することがその学の存在の根拠(一〇〇四a二二～三一)

S９　反対のものどもと実体についての統一的な学の存在(一〇〇四a三一～三四)

S10　それらすべての考察は哲学者の仕事……反対のものどもは「ヘンとしてのヘン」や「オンとしてのオン」の自体的属性であって、数や線や火としてのヘンやオンの属性ではない……弁証家やソフィストからの哲学者の区別(一〇〇四a三四～b二六)

S11　反対のものどものもう一方の系列は欠如……すべての反対のものどもは ὂν と μὴ ὄν、つまり ἕν と πλῆθος に還元される(一〇〇四b二七～二九)

S12　諸々のオンや実体は反対のものどもから構成されているということでほとんどすべての人達が一致している……すべての人達が少なくとも反対のものどもを原理だと言っている(一〇〇四b二九～三三)

S13　これら以外の反対のものどももすべてヘンとプレートスに還元されるのは明らか……その他の人達によって挙げられた諸原理も類としてのヘンとプレートスに完全に入る(一〇〇四b三三～一〇〇五a二)

S14　以上からしても τὸ ὂν ᾗ ὂν についての統一的な学が存在することは明らか……万物は反対のものどもであるか、或いは反対のものどもから構成されているか、のどちらかであるが、ヘンとプレートスが反対のものどもの原理

であるのがその理由（一〇〇五a二〜五）
S15　一つであることの仕方についての逸脱……その二つの仕方（πρὸς ἕν と ἐφεξῆς）（一〇〇五a五〜一三）
S16　τὸ ὂν ᾗ ὂν とこれに属するものどもを考察する統一的な学の存在（一〇〇五a一三〜一八）

＊S1について

まずS1の解釈であるが、これはΓ2の第二部の解釈全体を決定してしまうほど重要である。S1のテクストは次の通り。

「ところで、一つの類の全体を、一つの感覚が対象としている（たとえば、一つの類としての音の全部を一つの感覚としての聴覚が対象にしている――筆者）が、一つの学が対象としてもいる。一つの学である文法学が全ての音声を研究するように。それゆえ τὸ ὂν ᾗ ὂν の種（εἴδη）である限りのものを研究することも、類的に一つの学の仕事であり、各々の種を個々に考察することは、その当の学の種としての下位の諸学がそれぞれなすべきことである」（一〇〇三b一九〜二二）

ここで「τὸ ὂν ᾗ ὂν のエイデー」と言われているものは何かということが最大の問題である。それはまた、このS1でアリストテレスは何を意図しているのかということともかかわってくる。

トマスは、Γ2の第一部においては、「実体についても付帯性についても考察することが、Γ1から問題になっている当の学に属する」ということ、「しかし主として実体について」であるということが示されていると把握し、その上で、S1では「全ての実体について考察することがその当の学に属する」ということが示されていると考えている。[3] S1のテクストでは「すべての実体」ではなく「τὸ ὂν ᾗ ὂν のエイデーである限りのもの」(ラテン語訳のテクストにおいても entis inquantum est ens, quascumque species) としか述べられていないので、トマスは、「τὸ ὂν ᾗ ὂν のエイデー」とは実体のエイデーのことだと解釈していることになる。[4] この解釈はボーニッツとハップもとっているものである。[5]

これに対抗する代表的な解釈は、W・シュッペのものであろう。[6] 彼は、「τὸ ὂν ᾗ ὂν のエイデー」とは、S3の「オンのエイデー」のことであり、そこで、「例えば、同・類似、等々」という言葉で説明されているものなのだという。この説は、『同・類似、等々』と言われているのは、直接的には、ヘンのエイデーのことであるが、ここで論証が企てられているものであるところの、オンのエイデーでもある」という修正を受けて、G・コッルの説になっている。コッルは、トマスの、「S1では、『全ての実体について考察することがその当の学に属する』ということが示されている」という説を批判して、「全ての実体について」どころか、全ての ὂν についてですら、「その当の学に属する」ということが、すでにS1以前に解決されているのであって、S1ではもう話題が変わってしまっているのだという。そして、もちろん、「τὸ ὂν ᾗ ὂν のエイデーとは実体である」という説も退ける。コッル自身は、オンは類ではない以上、「オンのエイデー」のエイデーも「類・種」の種ではないので、「τὸ ὂν ᾗ ὂν のエイデー」つまり「同・類似、等々」とは、むしろ、「オンやヘンの様々なアスペクト」なのだとした。[7] そしてこの説にレアーレが全面的に賛成しているのである。[8]

しかし、トマスは、シュッペやコッルに反対するであろう。なぜなら、トマスは、S3における同や類似などが「ヘンのエイデー」であるという点ではコッルと同じだが、「オンのエイデー」すなわち species entis(存在の諸種)を、

partes entis（存在の諸部分）と言い換えた上で、これを実体・量・質などの諸々のカテゴリーのことだとしているからである[9]。

さて、拙論における判断はこうである。既に触れたように、Γ2の第一部では、オンの多様な意味を統一的に説明する仕方が考察されているが、それは、πρὸς ἕν という仕方での実体による説明方法であった。それ故、τὸ ὂν ᾗ ὂν の考察は実体の考察に収斂するのである。このことは、次のことに如実にあらわれているだろう。すなわち、Γ1の最後の言葉は、「それゆえ、まさに我々は、τὸ ὂν ᾗ ὂν の第一の諸原因を把握しなければならない」（一〇〇三a三一～三二）というものであるが、Γ2の第一部の最後の言葉は、「哲学者は諸実体の諸原理・諸原因を把握しなければならないであろう」（一〇〇三b一八～一九）というものであって、みてのとおり、これらの二つの言葉においては、「τὸ ὂν ᾗ ὂν」と「諸実体」が、いれかわっているだけなのである。したがって、Γ2の第一部の「τὸ ὂν ᾗ ὂν の考察の実体の考察への収斂」を経た後では、「τὸ ὂν ᾗ ὂν のエイデー」とは、「実体のエイデー」のことを指しているだろう。また、単なる ὂν は、実体とは限らず、質のこともあるし、量のこともあろうから、「オンのエイデー」と「τὸ ὂν ᾗ ὂν のエイデー」を同一視することはできないであろう。拙論は、この二点については、トマスを支持する。

では、S1以前に、「全ての実体について考察することがその当の学に属する」ということが示されてしまっているかどうかについてはどうだろうか。コッルの主張のポイントは、ὂν の多様性を統一的に説明する一つの学があることを論じたΓ2の第一部に、その論点が含まれるということである。これは、単に「オンの多様性」という言葉だけを取り上げている限りでは、正しいように見える。しかし、実際に、Γ2の第一部で行われていることはどうなのか。一〇〇三b六～一〇で述べられている例を見ても分かるように、そこで「多様」なのは、実体へと帰属させられるものの方であり、実体それ自身の多様性については、特に触れられてはいなかった。したがって、実体の多様性を統一的に説明する学のことは、S1以前には問題にされていなかったとすべきだろう。拙論は、この点に関しても、トマスを支持する。

しかし、トマスは、「全ての実体について考察することがその当の学に属する」というテシスを確立する作業は、S1だけで終わっているかのように注解している。果たしてそうなのだろうか。確かに、「一つの類にはどれにも、一つの学がある」という一般的な命題が述べられており、その命題をうらづける読み書きの学というものが実際にあると指摘されている。その限りでは、トマスの言うとおりだろう。しかしだからといって、その当の学が具体的にどのような仕方で「全ての実体について考察する」のかということが明らかにされたわけではない。このことがS2以下で論じられているかどうか、それを考察しなければならない。

*S2・S3(第一トポス)について

次にくるのが、ケーニヒスハウゼンがいうところの第一トポスである。これは、既に『形而上学』Γ巻第二章の「内容一覧」で示したように、一〇〇三b二二のεἰ以下一二行にわたって続く長い「条件部」(S2)と、一〇〇三b三三のὥσθ᾽以下の「帰結部」(S3)に分かれる。S2は、オンとヘンは同一のもの(ταὐτὸν καὶ μία φύσις)である[10]という主張(一〇〇三b二二～二六)と、その論証二つ[11](一〇〇三b二六～三二と三二～三三)から成る。S3は、オンとヘンが同一である(S2)ならば、ヘンのエイデーと同じ数だけオンのエイデーもあり(一〇〇三b三二～三三)、これらの何であるかを考察することが類的に一つの学に属すること(一〇〇三b三四～三五)が述べられ、さらにヘンのエイデーの例として同・類似などが挙げられる(一〇〇三b三五～三六)。

さて、S2以下で、トマスの言う「全ての実体の考察」(すなわち、本書第一部第一章の解釈史での用語を使えば

「諸実体の統一的説明」)の方式がどのように述べられているかを解明するという立場からすると、S2の最も重要な問題は、なぜそもそもヘンの話題が「オンの統一理論」というこの文脈で持ち出されるのか、ということであると思われる。しかし、S2(あるいはS1)以下では、同・類似・等といったヘンのエイデー(Γ1冒頭で τὸ ὂν ᾗ ὄν の学の対象として挙げられた「τὸ ὂν ᾗ ὄν に自体的に属するものども」)の考察に議論が移り、「オンの統一理論」や「実体の統一的説明」の話題は終わっていると見るのが、前章で紹介した折衷的解釈以外の一般的見解である。この一般的見解の場合、ヘンの導入にはどういう意味があるのか。たとえば、アレクサンドロスは、オンのエイデーを発見するためにアリストテレスはヘンを取り上げたと述べている。[12] そして、ヘンのエイデーは τὸ ὂν ᾗ ὄν のエイデーでもあると彼は言う。[13] 彼はここで τὸ ὂν ᾗ ὄν のエイデーとオンのエイデーと区別していないようなので、結局、ヘンのエイデーはオンのエイデーと同一であると解することが、オンのエイデーを発見するためにヘンを導入したとするアレクサンドロスの解釈を支えていると言える。

しかしテクストでは、「ヘンのエイデーと同じ数だけ(ὅσαπερ … τοσαῦτα)オンのエイデーもある」(一〇〇三b三二~三三)と言われているだけである。このテクストでは、確かに、ヘンのエイデーとオンのエイデーとが互いに対応している(「同じ数だけある」)ことは示唆されている。しかしだからといって、このテクストが、ヘンのエイデーとオンのエイデーが同一であることまで支持するわけではないであろう。ナートルプは、このような反論を予想してか、次のように述べている。すなわち、オンのエイデーとヘンのエイデーについてアリストテレスが想定している両者の対応(Correspondenz)は、ほとんど一致(beinahe Coincidenz)であるから、両者はパラレルであるだけではなく全く同一視される(nicht bloss in Parallele gestellt, sondern geradezu identificiert werden)、と。[14] しかし、ナートルプのこの言葉は、やはりテクスト解釈上の無理さを雄弁に物語っているように思われる。

「ヘンのエイデーと同じ数だけオンのエイデーもある」ということの意味は、『形而上学』Δ巻第一五章で「同じものどもとは、それらの実体が一つであるところのものどものこと、類似するものどもとは、質が一つであるところのものどものこと、等しいものどもとは、量が一つであるところのものどものことである」(一〇二一a九～一二)と言われていることからすると、同と実体、類似と質、等と量が、各々対応するということではないだろうか。[15] ——以上から、ヘンの導入にはもっと別の意味があると思われるのである。

ところでS3には、S2を条件とする帰結ではない次のような言明も付加されており、これが手がかりになるのではないだろうか。それは、「ところで、ほとんどすべての反対のもの(反対性質)どもは、そのような原理に帰せられるのである」(一〇〇三b三六～三七)という言葉である。この言葉の意味自体はそれほど難しくない。アレクサンドロスが言うように、[16]「そのような原理」を、一(ヘン)と、一に反対のものすなわち多(プレートス)という根本的な反対関係と解するならば、同・似・等は一に、異・不類似・不等は多に、帰せられるということである。しかし、この言葉は何のためにここで付加され、この文脈ではどういう意味をもつのか。[17] テクストをもっと先まで読むと気が付くのは、反対のものどもがヘンとプレートスに帰せられるということは、第三トポスで述べられているということである。すると、「ほとんどすべての反対のものどもは、そのような原理に帰せられる」という言葉は、第三トポスの予告であり、したがって、反対のものどもがそれの反対であるところのヘンのエイデーが論じられること、さらにはヘンが導入されることも、反対性質を扱うためであることを示唆しているのではないだろうか。そして、第三トポスでは、後述するように、反対性質の他に基体というファクターが導入され、運動変化の観点から多様化されている諸実体の統一的説明方式として、「基体と反対性質」という、『自然学』第一巻でおなじみの運動変化説明のシェーマが提示されている(S9の説明を参照)。とすれば、結局、S2でヘンが論じられるのは、S1における諸実体の統一学のテーマを具体化する第一歩であったのであり、この場合のヘンは、多様性を意味するプレートスに対して統一を意味するヘンであると思われるのである。

＊Ｓ４（第二トポス）について

すると、当然の結果として推測されることは、Ｓ１で諸実体の統一学と対比され、τὸ ὂν ᾗ ὂν のエイデー（すなわち諸実体）を個々に扱うとされていた、「その学の種」なるものが、次に、具体的に論じられるのではないかということである。実際、Ｓ４では、実体のタイプの数に応じた哲学の諸部分が存在し、その諸部分の間には序列のあることが述べられているのである。先にも触れたように、Ｓ４（第二トポス）は、多くの人によって議論の流れを妨げていると解釈されてきたが、以上の考察からすると、Ｓ１の諸実体の統一学のテーマを具体化させたものがＳ２・Ｓ３（第一トポス）であり、諸実体を個々に扱う諸学のことを具体的に述べたのがＳ４（第二トポス）であると思われる。しかし、このことは、Ｓ２・Ｓ３・Ｓ４はＳ１を敷衍しているだけであり、諸実体がいかにして統一的に説明されるかについてはまだ何も明らかにされていないということでもある。

＊Ｓ５―Ｓ15（第三トポス）全体について

第三トポスに関しては、特にマーランやハップによって独特の解釈が提出されている。

彼らは、Ｓ１における、「πάντα がオンとメー・オン、つまりヘンとプレートスに還元される」（一〇〇四ｂ二七～二八）とか、「パンタは反対のものどもであるか、或いは反対のものどもから構成されているかのどちらかである」（一〇〇五ａ三～四）、また、「諸々のオンや実体は反対のものどもから構成されている」（一〇〇四ｂ二九～三〇）といった文章の「パンタ」という言葉を非常に重く取って、「世界」という意味にとる。そして、「パンタ」が、ヘンとプレートスという反対に還元され、反対のものどもから構成されているのである以上、「ヘンとプレートスが、反対のものどもの原理である」(一〇〇五a四～五)という言葉は、「ヘンとプレートスが、諸々のオン(つまりパンタたる世界)の原理である」という意味だとするのである。この点では、マーランとハップは全く一致する。ただし、マーランの場合は、ヘンとプレートスの原理が、世界全体を貫いていて、神たる πρώτη οὐσία もその例外ではないのであるが、ハップの場合は、神は完全な存在(存在の原理)であると同時に完全な統一(すべての統一の原理)であるから、ヘンの原理だけが当てはまり、プレートスの原理は、神たるヘンの原理に依存せず、それと並ぶ原理であって、神と一緒になって、神よりも下位の存在に働きかけるという点が異なっている。(18) しかし、それはともかく、彼らの解釈は、ヘンとプレートスを、何らかの仕方で世界全体の形成の原理とするものであるから、ケーニヒスハウゼンによって、「反対の理論の宇宙論的な解釈」と呼ばれている。(19) はたして、このような解釈が本当に成り立つのかどうか、以下で検討していくことにしよう。

＊S5・S6・S7について

さて、S5は、ἐπεί(一〇〇四a九)によって、理由であることが示されており、S7の ὥστε(一〇〇四a一七)がこれを受けている。そして、イェーガーによると、S6によって、この「ἐπεί… ὥστε」という文章の構造が壊されている。それ故、イェーガーは、S6が、アリストテレス自身の手になる後からの挿入であるとした。(20) つまり、S6は、S5とS7の議論にとって何か本質的でない脱線的なものだと解釈されているわけである。しかしはたしてそうなのだろうか。S5・S6・S7のテクストをみてみよう。

「〔S5〕対立するものどもを考察することが一つの学に属するわけだが、ヘンに対立するのはプレートスである。〔S6〕ところで、否定や欠如を考察することが一つの学に属するのは、両方の場合に、否定や欠如がそれの否定でありそれの欠如であるところのヘンが考察されるということによってである。というのは、我々は、端的に、それが存在しないと言う(否定)か、あるいは、それは或る類には属さないと言う(欠如)のだから。それで、後者(欠如)の場合には、単なる否定においてあるものの他に、種差が付け加わっている。[21] つまり、否定はそのヘンの不在であるが、欠如においては、欠如がそれについて言われるところの基体的な或るもの(*ὑποκειμένη τις φύσις*)が存在するのである。〔S7〕従って、前述のものども(同・類似・等々)に対立するものども、つまり、異他や不類似や不等や、その他、それらについてか、あるいはプレートスとヘンについて、言われる限りのものどもも、これらを考察することが、前述の学に属する。これらには、まさに反対性が属する。というのは、反対性とは一種の差異であり、差異は(一種の)異他性であるから。」(一〇〇四a九〜二一)

こうやって見ると、S7の「異他や不類似や不等」は、言わば、プレートスのエイデーであるから、確かに、S5とS7は、プレートスという話題によって密接に結びついている。それに対して、S6の「否定と欠如」は、一見したところでは、プレートスとは関係なく、プレートスの何らかの側面を明らかにしているようには思われない。従ってイェーガーの判断は正しいように見える。しかし本当にそうなのだろうか。

S6では、既に述べたように、否定と欠如が論じられているわけだが、眼目は欠如にある。否定が持ち出されているのは、欠如が否定に種差を付け加えたもの(すなわち一種の否定)であることを言うためにすぎない。実際、否定は

S6以下ではもはや論じられることがない。では、欠如について何が明らかにされているのか。それは、欠如の根底には基体的な或るものが存在するということである。このことはいったいどういう意味を持つのだろうか。

S6の冒頭で、欠如とはヘンの欠如なのだと言われている。ところで、先に拙論は、第一トポス(S2・S3)において登場するヘンが、「多様性を意味するプレートスに対して統一を意味するヘン」であることを主張した。そこで、第一トポスと第三トポスは一連の文章の部分であるから、第三トポスに属するこのS6の「欠如がそれの欠如であるところのヘン」も、統一を意味するヘンであると考えてよいであろう。すると、「統一を意味するヘン」の欠如は、非統一や相違を、つまりヘンの反対のプレートスを、表すであろう。実際、S11では、「すべての反対のものどもはヘンとプレートスに還元される」とされ、しかも、「反対のものどものもう一方の系列は欠如である」と言われている。欠如は、それがヘンの欠如である限り、ヘンではありえない。とすれば、欠如は、プレートスなのである。こうして、S6が、S5とS7にとって何か非本質的で脱線的なものなのではないということを示すことができた。では、欠如、つまり非統一・相違という意味のプレートスの根底に「基体的な或るもの」が存在するということは、いったい何を意味するであろうか。そのためにこそ、S5とS7をみてみなければならない。

S5では、対立するものどもを考察する統一的な学の存在することが主張されている。しかも、その場合の「対立するものども」とは、ヘンとプレートスである。ところで、先程、ヘンとは統一のことであり、プレートスとは、ヘンの欠如であり、相違であるということを明らかにした。すると、ヘンとプレートスとの統一学とは、相違した多様なものどもを無差別化してしまうことなく、なおかつ、それらを統一的に説明する学だということである。そして、これは、S1の「諸実体の統一学」を受けているように思われる。この学がどのようにして成立するかについては何も明らかにされていないのだったが、S5でも、やはり、ヘンとプレートスとの統一学がどのような仕方でその学が成立するかということは述べられていない。すると、S6から、その学の成立の仕方の考察が始められており、「基体的な或るもの」は、その仕方の一つのファクターであると思われる。では、どのような役割をはたすファクターなのだろうか。

「基体的な或るもの」という言葉の「もの」にあたる原語はφύσιςである。Γ2の第一部では、プロス・ヘン構造による統一的説明の中心になるものがピュシスと言われていた（一〇〇三a三三〜三四、b一四）。そして、その中心とは実体であるのだった。したがって、「基体的な或るもの」という言葉におけるピュシスとは、やはり、実体のことだと考えてよいであろう。すると、欠如、つまり非統一・相違という意味のプレートスの根底に、「基体的な或るもの」が存在するということは、その根底に、統一的説明の中心たる実体が存在するということを意味すると思われる。ただし、単に「ピュシス＝実体」と言われているだけではなく、「基体的な」という限定が付け加えられていることは、その統一的説明が、プロス・ヘン構造によるものではないことを、言い換えると、実体以外に別の概念装置が必要であることを予想させる。

S7では、プレートスのエイデーがオンのエイデーの反対という形で具体的に提示される。そしてプレートスとオンとのエイデーを考察する統一的な学の存在することが主張されている。これは、S5のヘンとプレートスの統一学を敷衍したものである。しかし、この場合も、どのような仕方でその学が成立するかということは述べられていない。このことは、先程から問題にしている統一学の問題が「基体的な或るもの」というファクターだけでは解決できないものであるということを示唆しているように思われる。

そこで重要になってくるのが一〇〇四a二〇〜二二の「これらには、まさに反対性が属する。というのは、反対性とは一種の差異であり、差異は（一種の）異他性であるから」という言葉である。ここでアリストテレスは、「これらには、まさに反対性が属する」と言って、反対性というファクターを導入している。

こうして、結局、基体としての実体と、反対性という二つの概念装置が導入されたということが、S5・S6・S7において確認された。

＊S8について

S8の要点は、S7で導入された反対性の概念を受けて、すべての反対のものどもの統一学の存在を主張することである。なぜこのような学が必要なのか。『形而上学』I巻第三章（一〇五四a二九以下）で詳しく述べられているように、同も類似も異他も不類似も多くの仕方で言われるからである。この学の成立の仕方は明瞭に述べられている。すなわち、それぞれにおける「第一のものとの関係で」（一〇〇四a二六）、その他の意味を統一的に説明するというのである。例えば、或るものは第一のそれを持つが故にそう呼ばれ、また或るものは第一のそれを作るが故にそう呼ばれる（一〇〇四a三一～三二）。しかし、これは、Γ2の第一部で提示されたプロス・ヘン構造による統一的説明の一つの適用例にすぎず（「健康的」の説明との類似は明らかであろう）、S8では方法的に新しい要素は見られないように思われる。

＊S9について

そして、S9で、「だから、それら反対のものどもと実体について説明をすることが、一つの学に属するということは、明らかである」と述べられている。一見したところでは、なぜこのことが「だから明らか」なのか、理解しにくい。しかし、ここで言われている「実体」が、S6の「基体的な或るもの」、すなわち基体としての実体であるとすれば、反対のものどもが基体においてあるというシェーマによって、その学の説明方式の統一性が成立するということが自ずと分かるであろう。また、「反対のものどもが基体においてある」というシェーマは、『自然学』第一巻第六章以下で、運動変化を統一的に説明するために考案された図式と同じであることにも気づかれるであろう。

ここで考えなければならないのは、そもそも「諸実体の統一学」における「諸実体」とは、どんなものなのかということである。そのことに触れられている第二トポスでは、諸実体に応じて哲学の諸部分があり、その諸部分には「第一の哲学」「その次の地位の哲学」(一〇〇四a四)というように序列があるということが言われている。このことからすると、当然、実体にも、「第一の実体」「その次の地位の実体」という序列のあることが考えられる。しかし、これ以上のことは分からない。そこで、『形而上学』Γ巻第一章・第二章と密接な関係にある『形而上学』E巻第一章をみてみることにしよう。そこで、アリストテレスは、理論的な学がその対象によって三つに分かれると述べ、その際、対象規定の観点として、不動性と離在性の二点を挙げている。当面の考察にかかわってこないのは、離在的でないものである。というのは離在的でないものは実体ではないからである。数学の対象は、離在的ではないので、ここでは関係ないということになる。離在的であるのは自然学と神学の対象である。これらの二つの学の対象は、両方とも実体なのであるが、一方が不動でないのに対して他方は不動であるという点で、区別される。そして、『形而上学』Λ巻第一章一〇六九a三〇以下によると、自然学の対象の、不動でない実体(そこでは「感覚的実体」と言われている)も、永遠的な実体(天体)と、消滅的な実体(植物や動物)に、区別される。つまり「諸実体」とは、不動であるか否かという観点や様々な運動変化の仕方によって多様化された実体のことなのである。このような諸実体を統一的に説明しなければならないのであればこそ、「反対のものどもと基体(としての実体)」というシェーマを必要とするのだ。

こうして、S9において、諸実体の統一学の確立が確認されていると思われるのである。

＊S10について

オンの多様性および実体の多様性を統一的に説明する学の、学それ自体の考察は以上のS9までで終了し、S10では、その学は哲学者以外の者が研究するのではないということの説明に議論が移っている。

S10は、大きく二つに分かれる。第一の部分は、「反対のものどもはヘンとしてのヘンやオンとしてのオンの自体的属性であって、数や線や火としてのヘンやオンの属性ではない」ということを述べているところ(一〇〇四b一七まで)で、ここでは、上述の学は数学者や自然学者のやることではないということが示されていると考えることができる[22]。そして、第二の部分で、哲学の姿を装っている弁証家やソフィストのやることでもないことが示されている。

＊S11〜S14について

S11〜S14は、第三トポスの考察の冒頭でも言及した、マーランやハップがその独特の解釈をする際に重視する箇所であったが、『形而上学』Γ巻第二章の第二部の中でも一番扱いに困る箇所であると言える。拙論の立場から言えば、Γ巻第二章で主題となっている学に関しては、その学それ自体の問題も、その学を誰がすべきかという問題も、既に解明されたので、後はまとめに入るだけのはずなのだが、「さらに」(一〇〇四b二七)という言葉で、学それ自体の問題が再び論じられはじめ、しかも、マーランのいうように、その際の議論の枠組みが通常のアリストテレスのものではないように思われるのである。すなわち、既に触れたように、「万物は反対のものどもから成る」ということが、基体というファクターへの言及なしに、繰り返し述べられているのである。しかし、このような考えこそ、アリストテレスが批判した当のものではなかったか。マーランは、このことに立脚して、Γ巻及びこれに関連するE巻第一章・K巻第三章から第七章が、『形而上学』の他の諸巻や他の著作と著しく異なっていると断じた。[23] これに対してハップが、Γ巻第二章に登場している「欠如・στέρησις」という言葉に解釈を加えて、この言葉は(a)ポジティブなものが欠如しているという意味と(b)ポジティブなものを欠いているところの基体という意味を持っており、ステレーシスにこの(b)の意味があることが、マーランへの反論になるのだという。[24] ステレーシスに基体という意味があるというのには、いささか抵抗を感じるが、欠如の根底には基体としての実体があるということはS6で見た通りであるから、欠如は基体を含意するということは確かである。したがって、「Γ巻及びこれに関連するE巻第一章・K巻第三章から第七章が『形而上学』の他の諸巻や他の著作と著しく異なっている」というマーランの解釈は退けられねばならないであろう。しかし、S12に話を限定するならば、「議論の枠組みが通常のアリストテレスのものではない」というのは当たっている。これはどう考えるべきだろうか。S11から順番にみていこう。

まず、S11においては、完全にアリストテレス的なことが言われていると拙論は解する。その際、ハップ達が、「反対の理論の宇宙論的な解釈」の根拠の一つにしている、「πάντα が、オンとメー・オン、すなわちヘンとプレートスに還元される」(一〇〇四b二七～二八)という言葉が、ここで登場することが問題になる。もし、このパンタが、「万物」という意味であれば、S11を、アリストテレス的と解することはできなくなる。実際、この場合のパンタを「万物」と訳す研究者は、H・トレデニックをはじめとしてかなりいる。[25] しかし、ロスやJ・トリコやC・カーワンらが解しているように、[26] このパンタは、直前の「反対のものども」という中性複数を受けて、「すべての反対のものども」と訳すのが自然なのではないだろうか。すると、S11は、アリストテレス的と解してよいことになる。内容的には、今までに述べられたことが、再び確認されているにすぎない。しかし、ここで、今までの自説を確認しなければならなかったアリストテレスの意図については、考えなければならない問題である。

次のＳ12の、「諸々のオンや実体は反対のものどもから構成されている」という考え方は、確かに、非アリストテレス的である。しかし、注目すべきなのは、その考えの述べられ方、すなわち、「ほとんどすべての人達が……ということで一致している」である。さらに、「ほとんどすべてに、「すべての人達が少なくとも……と言っている」ことを取り上げている。この「すべての人達が考えていること」という点にアリストテレスは非常にこだわっている。そうである以上、ここでは、アリストテレスの独自な概念を取り除いた最大公約数的なこととしか述べられないのは必然である。

Ｓ13では、Ｓ12で例として述べられたピュタゴラス派の「奇と偶」やエンペドクレスの「愛と争い」などを含めて、これら以外も、反対のものどもはすべて、ヘンとプレートスに還元されるという、Ｓ11のアリストテレス自身の考えが繰り返されている。ここでは、Ｓ12のすべての人の共通見解が、自分自身の理論によって解釈し直すことができるということが述べられている。

Ｓ14では、「だから以上からしても τὸ ὂν ᾗ ὄν についての一つの学が存在することは明らか」だと言われる。その理由としては、まず、「万物は反対のものどもであるか、或いは反対のものどもから構成されているか、のどちらかである」と述べられる。これは、上述の共通見解であり、非アリストテレス的である。しかし、すぐに、「しかるにヘンとプレートスが反対のものどもの原理なのである」と言われる。これは、共通見解をアリストテレス自身の理論によって解釈し直したものである。つまり、アリストテレスの理論では、プレートスは、ヘンの欠如として、その根底に基体としての実体を、すなわち、諸実体の統一的説明の中心にして、オンの多様性の統一的説明の中心でもある、その実体を、もつ。そして、このことが「τὸ ὂν ᾗ ὄν についての一つの学が存在することは明らか」であることの理由になっているのであって、「万物は反対のものどもであるか、或いは反対のものどもから構成されているか、のどちらかである」は、直接的には理由なのではない。

以上から明らかになったように、ハップらが、「反対の理論の宇宙論的な解釈」の根拠とした、「パンタは反対のものどもであるか、或いは反対のものどもから構成されているか、のどちらかである」(一〇〇五a三～四)とか、「諸々のオンや実体は反対のものどもから構成されている」(一〇〇四b二九～三〇)といった文章は、アリストテレス自身の考えが述べられているのではなく、すべての人達の共通見解が紹介されているにすぎない。したがって、その「宇宙論的な解釈」には、テクスト上の根拠がなくなったのである。

さて、すると、S11からS14の議論は、どう位置づけられるだろうか。以上の考察からして、この議論は、すべての人達の共通見解を前提としても、やはり、アリストテレスの結論を導き出すことができるということを示すための、言わば dialectical なもの(27)(本来の意味においてではないが)であると思われる。しかし、内容的にアリストテレス自身の新しい論点は出てきていないのであるから、駄目押しの議論であると言えよう。

＊S15について

S15では、S14で触れられた「ヘンとプレートス」を考察することが一つの学に属することは、それらが多様な仕方で言われるにもかかわらず、それぞれにおける第一の意味への言及によって可能になるということが、かなり屈折した形で述べられている。これは、基本的に、既にS8で述べられたことの繰り返しにすぎないのであるが、S15の末尾で、一つである仕方には、プロス・ヘンという仕方と、エペクセースによるという仕方があると言われていることは、拙論第一部第一章のタイプ(四)で紹介した折衷的解釈をとる研究者達によって、それが自分達の解釈のテクスト上の根拠とされていることなので、詳しく検討する必要がある。

折衷的解釈では、τὸ ὂν ᾗ ὂν について、その第一の局面として、オンの多様性の実体による統一を、そして、第二の局面として、諸実体の神による目的論的統一を、想定して、その上で、アリストテレスが、『形而上学』Γ巻で、この二つの局面を考えている証拠として、S15の「一つである仕方には、プロス・ヘンという仕方と、エペクセースによるという仕方がある」という言葉を取り上げるのである。第一の局面に、プロス・ヘンが対応するのに反対する人は誰もないだろう。しかし、第二の局面、すなわち諸実体の神による目的論的統一に、エペクセースが対応するかどうかということは、折衷的解釈をとる研究者達が考えるほど自明なことではない。「エペクセース」という言葉自体は、「引き続いて」とか「次々に」ということ以上は意味しない。また、アリストテレス自身もテクニカル・タームとして使用しているのではない。

では、当のコンテクストにおいては、どう解釈すべきだろうか。代表的なものは次の二つである。

まず、アレクサンドロスは、エペクセースによるものどもとして、数を考えている。数は、第一のものが、その後のものどもに次々と付け加わる仕方で出来ていく。すなわち、1に1が付け加わって、2という一つの数ができ、2に1が付け加わって、3という一つの数ができる、ということであろう。ところで、こう考えると、「μέν—δέ」によって示されているプロス・ヘンとエペクセースの対比がはっきりしてくる。すなわち、彼によると、エペクセースによるものどもの場合は、後のものほど、より完全ということになるのだが、プロス・ヘンによるものども場合は、プロス・ヘンのヘンである第一の最初のものが、完全なものなのである[28]。

また、トマスは、別の解釈をしている。具体的な例が挙げられていないので分かりにくいが、大体次のようである。すなわち、或る諸々の意味(A)は、第一のヘンへと言及され、別の諸々の意味(B)は、その第一のものの考慮によって、(A)に引き続くと解されているようである。[29] これは、アリストテレスのテクストの例を使えば、ヘンへと同や類似などが言及され、第一義的な同や類似へと多様な意味の同や類似が言及される(S8を参照)、ということが念頭にあるのであろう。

さて、『形而上学』Γ巻においてエペクセースという言葉は、S15の一〇〇五a一一と、S4(第二トポス)の一〇〇四a九、つまり二箇所にしか出てこない。S4では、エペクセースが「第一、第二、第三、等々」という順序を表すということしか分からない。S15でも、やはりエペクセースが主題的に論じられているのではない。しかし、コンテクストからするとトマスのように考えるのが適切であると拙論は判定する。よって、折衷的解釈がエペクセースを自己の論拠とすることはできないと思われる。

＊S16について

最後に、S16ではまず『形而上学』Γ巻第一章冒頭とほとんど同じ言葉が繰り返される。同じ点は、「τὸ ὂν ᾗ ὂν と、τὸ ὂν ᾗ ὂν に属するものどもを考察する」ということであり、違う点は、そのことが「一つの学に属する」ということである。Γ1冒頭では、単に、「或る学」としか言われていなかった。これは、Γ2の第二部において、τὸ ὂν ᾗ ὂν の統一学を確立したということを示している。また、この同じ理論学が、諸実体だけでなく、諸属性、つまり前述のものどもにかかわっており、また、先と後、類と種、全体と部分、その他のそのようなものどもに関していると言われることも異なっている。

Γ1冒頭とS16との同一性は、Γ2の第二部が、Γ1冒頭の τὸ ὂν ᾗ ὂν の学の解明を目指していたのであることを示し、その相違は、Γ2の第二部の成果を表していると考えられる。

＊以上の分析の結論

以上の分析の成果をまとめると次のようになる。τὸ ὂν ᾗ ὂν の学とは、実体を中心としたプロス・ヘン構造によってオンの多様性を統一的に説明し、基体としての実体と反対のものどもというシェーマによって実体の多様性を統一的に説明する学である。実体の多様性を目的論的に統一するという理論は、『形而上学』Γ巻第二章からは全く読み取れない。したがって、折衷的解釈にはテクスト上の証拠が完全になくなったと言える。

しかし、折衷的解釈を退けるならば、τὸ ὂν ᾗ ὂν の学と神学との関係の仕方について、新たな見解を提出しなければならない。そこで、拙論第一部第一章のタイプ(二)でも触れた『形而上学』E巻第一章一〇二六a二七〜三二の考察に移ろう。

(1) Königshausen, p. 146.
(2) Schwegler, Bd. III, p. 155 ; Ross, (1), Vol. I, pp. 256–257 ; Owens, (1), p. 279 ; Königshausen, p. 157. なお、Jaeger, (2), p. 60 は、第一トポスが文章のつながりを妨げているとみるが、これはΓ2の第一部と第二トポスのつながりを重視するからであり、結局はシュヴェーグラーらと同じことになろう。
(3) Thomas. L. IV, l. i, n. 534.
(4) ibid, n. 547 も参照。なお、「実体のエイデー」とは、実体として分類されるもの(単純実体や複合実体)のことであり、「実体という意味のエイドス(形相)」ということではない。
(5) Bonitz, Bd. I, p. 178 ; Happ, pp. 379-380, n. 339.
(6) Schuppe, p. 34.
(7) Colle, pp. 47-48.

（8） Reale, p. 150, n. 15.

（9） Thomas, L. IV, l. ii, n. 561.

（10） オンとヘンが同一のものであるとは、存在するということと一つであるということの意味（ロゴス）が同一だということではなく（「一つのロゴスによって明らかにされるということではない」1003b24-25）、指示される「もの（ピュシス）」が同一ということ——アレクサンドロス（246, 31）によれば「基にあるもの（ヒュポケイメノン）」が同じであるということ——である。

（11） 最初の長い論証（1003b26-32）はこういうものである。すなわち、「一人の人間」が「人間」と同じものを表し（意味が同じだというのではなく）、「存在する人間」も「人間」と同じものを表す。とすれば、「一人の人間」と「存在する人間」も同じものを表しており、「一つのもの（つまりヘン）」も「存在するもの（つまりオン）」も同じものを表す。次の短い論証（1003b32-33）は、各々のものの実体（ここでは本質）が付帯的にではなくヘンであり且つオンであるから、ヘンとオンはやはり同じものを表すというものである。

（12） Alex., 246, 34-35.

（13） Alex., 249, 33-34.

（14） Natorp, p. 41.

（15） これがトマスの解釈でもあった。Thomas, L. IV, l. ii, n. 561.

（16） Alex., 250, 13-17.

（17） アリストテレスのテクストでは、「ところで、ほとんどすべての反対のもの（反対性質）どもは、そのような原理に帰せられるのである」（1003b36-37）という文のあとに、「これらは『反対性質選』で考察されたとしよう」（1004a1-2）という文が続いている。アレクサンドロスは、「これら」という言葉はこの帰属関係を指すと考え、この帰属関係が、現在は伝わらない著作『反対性質選』で述べられていたと証言している（Alex., 250, 17-20）。アレクサンドロスの証言どおり、この帰属関係が『反対性質選』で述べられていたとしても、それが何のためにここで付加され、この文脈ではどういう意味をもつのか考えることはやはり必要だろう。あるいは、「これら」は、前の行の「ほとんどすべての反対のもの（反対性質）ども」を指しているだけであり、帰属関係自体は『反対性質選』では述べられてなかったという解釈も可能かもしれない。この場合は第三トポスの存在意義が増すだろう。（しかしいずれにしても、『反対性質選』は伝わらないのだから、決定的なことは言えないのだが。）

(18) Merlan, p. 154 ; Happ, pp. 440-446.

(19) Königshausen, pp. 167, 170.

(20) Jaeger, (2), p. 61.

(21) Ross, (1), Vol. I, p. 260 の解釈に従う。

(22) ただし1004b8-9で、ソフィストのことが考えられていると、アレクサンドロス(258. 26ff.)や Tricot, Tom I, p. 186, n. 4 が考えている。おそらく、「哲学していないという意味で誤っているのではなく……」(1004b8-9)というところで「実際に哲学していない」と解釈した結果であろう。そうだとすれば確かにソフィストのことになる。しかし、その言葉は、「実際に哲学しているけれども……」と解せば、ソフィストとは解さなくてよくなる。つまり、数学者や自然学者のことを言っているとみることができる。実際、これ以降 b17 まで数学の例 (b11-12) や自然学の例 (b13-15) は出てきてもソフィストは出てこない。

(23) Merlan, (1), pp. 181-182.

(24) Happ, pp. 448-453.

(25) Tredennick, MacMahon, Bonitz, (2), Apostle, Schwarz.

(26) Ross, Vol. I, p. 255 ; Tricot, Kirwan, Rolfes.

(27) cf. Apostle, p. 285, n. 38.

(28) Alex., 263, 25-33.

(29) Thomas, L. IV, l. iv, n. 584.

第三章　存在論と神学の関係について

――『形而上学』E巻第一章、Γ巻第一章、K巻第七章の分析――

τὸ ὂν ᾗ ὂν の学と神学が結びついていることを述べていると考えられる『形而上学』E巻第一章一〇二六a二七～三二は、ロスによって主流になった解釈に従うと、次のようなものである。

「もし、自然によって構成されたものより他に何らかの別の実体が存在しないならば、自然学が第一の知識であろう。しかし、或る不動の実体が存在するならば、それを対象とする学がより先であり、第一の哲学であって、そしてそのような仕方で普遍的である、なぜならそれは第一なのだから。そして、*τὸ ὂν ᾗ ὂν* について、それが何であるかということと、*τὸ ὂν ᾗ ὂν* に属するものどもを考察することが、その学に属するであろう」

しかし、このロスによる解釈に反対し、あくまで、*τὸ ὂν ᾗ ὂν* の学と神学が結びつかないという方向で解釈しようとする傾向も根強い。たとえば、K・ブリンクマンがそうである。彼は、上述の訳でいうと、「しかし或る不動の実体が」以下の原文に独自の解釈を加える。

その原文は、

「εἰ δ' ἔστι τις οὐσία ἀκίνητος, (1) αὕτη προτέρα καὶ (2) φιλοσοφία (3) πρώτη, ... καὶ περὶ τοῦ ὄντος ᾗ ὂν (4) ταύτης ἂν εἴη θεωρῆσαι ...」(1026a29-31)

というものである。ロスは、(1) αὕτη が、不動の実体を研究する学（つまり神学）であるととり、その学が「自然学よりも先である」とする。そして、(3) πρώτη を(2) φιλοσοφία にかけて、「第一の哲学」と読み、「神学が第一の哲学である」と解す。最後に、(4) ταύτης も神学であると解釈して、「τὸ ὂν ᾗ ὂν について考察することが神学に属するであろう」と読むのである。

これに対して、ブリンクマンは、(1) αὕτη が、直前の「不動の実体」であるととり、その実体が「自然学の対象の実体よりも先のものである」とする。次に、この帰結の文の主語が「実体」になった以上、(3) πρώτη を(2) φιλοσοφία にかけて「第一の哲学」と読むことはできなくなるという。つまり、もしそうすると、「実体が第一の哲学である」という奇妙な文になるからである。そこで、(2) φιλοσοφία を、この文の新しい主語に立てて、(3) πρώτη をそれの述語にする。すなわち、「そして哲学が第一の学である」と読む。すると、当然、(4) ταύτης も哲学となる。ブリンクマンは、τὸ ὂν ᾗ ὂν の学の本来的な名称は φιλοσοφία（哲学）だと断定しているので、この「哲学」が、このパラグラフの最後に、「τὸ ὂν ᾗ ὂν について考察する」と言われていても、全く不自然ではないし、こうすると、神学が τὸ ὂν ᾗ ὂν の学と同一でなければならないというパラドクスを回避することができるのだという。[1]

さて、ブリンクマンのこの解釈は一応文法的には成り立つ。しかし、τὸ ὂν ᾗ ὂν の学の本来的な名称がピロソピアーだとしている点はどうだろうか。文脈を考えてみると、まず第一に、一〇二六ａ一八からは「三つの理論的なピロソピアイ」（数学・自然学・神学）のことが話題になっているのだから、これ以降でピロソピアーと言われれば、三つの理論的なピロソピアイのうちの一つということになるであろう。第二に、一〇二六a二三からは、第一のピロソピアー(これは明らかに神学)が *καθόλου* なのか、それとも *τι γένος* にかかわるのかという難問が取り上げられ、一〇二六a二三〜三二は、これに対する解決部になっているのであるから、その主題もやはり、第一のピロソピアーたる神学だと考えざるをえないだろう。以上からして、ブリンクマンの提案する読みに従ったとしても、やはり、一〇二六a二九〜三二は、神学と *τὸ ὂν ᾗ ὄν* の学が結びついていることを述べていると解さざるをえないだろう。

では、神学と *τὸ ὂν ᾗ ὄν* の学は、どのような仕方で結びつくのだろうか。それは、神学が、「第一のものであるが故に普遍的であるもの(*καθόλου οὕτως ὅτι πρώτη*)」(一〇二六a三〇〜三一)であることによってだと述べられている。(これを「PK方式」と呼ぶことにする。)なぜこのPK方式が効いてくるのか。それは、『形而上学』Γ巻第一章で、*τὸ ὂν ᾗ ὄν* の学は *τὸ ὂν ᾗ ὄν* を *καθόλου* に考察するということが含意されていた(一〇〇三a二三〜二四)からである。つまり、簡単に言えば、神学も *καθόλου* であるし、*τὸ ὂν ᾗ ὄν* の学も *καθόλου* であるから、両者は結びつくという主張なのである。

しかし、この主張は容易に次のような疑念を生むだろう。すなわち、神学の普遍性と、*τὸ ὂν ᾗ ὄν* の学の普遍性が、同じだと言えないのではないかと。つまり、神学の普遍性は、PK方式による特殊な普遍性、言い換えると、第一のものであるという意味の普遍性であるから、*τὸ ὂν ᾗ ὄν* の学の普遍性と重ならず、神学と *τὸ ὂν ᾗ ὄν* の学を結び付ける試みは結局のところ失敗しているのではないかというのである。たとえば、J・L・アクリルは言う、「二つの異なる第一哲学概念を一緒にしようとするアリストテレスの試みは、成功していないように思える。神はたしかに、あらゆる自然物や自然の変化の究極的な原因あるいは説明であるかもしれないが、だからといって、神の知識がそのような対象や変化の知識を含むということにはならないし、神学がそれ自体として、τὸ ὂν ᾗ ὄν の属性の研究に関わることにもならないのである」と。(2)

このような疑念が生じることもあり、ＰＫ方式による普遍性がどのようなものであるかということが、昔から注釈家の間で問題になっている。現在主流になっている解釈は、アスクレピオスやトマス、ロス、デカリ、レアーレ、ハップといった研究者達がとっているもので、神的実体は、第一の原因であることによって、万物の普遍的原因であり、そして、そういう種類の実体を対象にする神学もそれと同じ仕方で普遍的なのだというものである。(3)しかし、これに対しては、先に紹介したアクリルの批判が当てはまるように思える。つまり、神学のそのような普遍性が、τὸ ὂν ᾗ ὄν の学の普遍性と同じとは思えないというのである。このような批判に、ロスはあらかじめ次のように対処している。すなわち、まず、τὸ ὂν ᾗ ὄν の学の対象とは全体としての存在だとしておいて、次に、神的実体を研究することは、純粋な存在の本性を、つまり質料なしの形相の本性を研究することであるから、事実上、全体としての存在の本性を知ることになるとするのである。(4)しかし、もしそうならば、τὸ ὂν ᾗ ὄν の学の内実は形相論だということになるが、そうではないということは、先に拙論が明らかにしたところである。従って、ロスのこの説は支持できないし、アクリルの批判は依然として有効である。どうすればアリストテレスの議論を救えるのだろうか。

さて、ロスとアクリルの見解は、その対立にもかかわらず、或る共通の考えを持っているように思われる。それは、神学と τὸ ὂν ᾗ ὄν の学が内容的に同一である、あるいは、そうでなければならないということが、『形而上学』Ｅ巻第一章一〇二六a二九～三二の主張だと考えていることである。しかし、そうなのだろうか。「第一の哲学たる神学に、τὸ ὂν ᾗ ὄν の考察が属する」という言明は、このことしか意味しえないのであろうか。

先にも述べたとおり、一〇二六a二三からは、第一の哲学たる神学が、(1) *καθόλου* なのか、それとも、(2) *τι γένος* にかかわるのかという難問が取り上げられるのであった。その際、その難問性が数学を例にして説明されている。それをパラフレーズするならば、数学の場合は同一の学科について同時に(1)と(2)が成立することはないということが、その例の核心である。例えば、幾何学や天文学は(2)であって(1)でなく、普遍的数学は(1)であって(2)でない(一〇二六a二五～二七)。それで、神学は、神的な不動の実体を対象とするのだから、普通に考えれば、(2)であって(1)でないということになりそうだが、どうかというのである。

次に、神学は自然学と比較される。論点は、「第一の学」ということである。すなわち、もし、自然によって構成された実体より他に、或る別の実体がないのであれば、自然学が第一の学になるであろうというのである。しかし、自然学が第一の学になるとしても、やはり、同時に(1)と(2)が成立することはないように思われる。例えば、動物学は(2)であって(1)ではないであろう。それに対して、運動変化一般の諸問題を研究する『自然学』は、(1)であって(2)でないということになろう。さてしかし、神学と自然学は実体を扱う点では同じであるが、神学が、不動の実体を扱うという点で、自然学よりも先であり、第一の哲学なのだとされる。拙論は先程、自然学が第一の学になるとしても、やはり、同時に(1)と(2)が成立することはないように思われると述べたが、神学が第一の哲学になる場合には、それが成り立つ、すなわち、「第一のものであるが故に普遍的」という仕方で成り立つのである。同じ「第一のもの」になるというのに、なぜ、このような違いが生じるのか。それは、自然学が「第一の学」と言われたのが、数学との関係でそうであったにすぎないのに対して、神学が「第一の哲学」と言われるのが、数学と自然学との関係でそうだからであろう。数学と対比されるだけならば、対象が単に実体であるという点しか出てこないのに対して、さらに、実体を対象とする自然学とも対比されるならば、その対象が或る特殊な実体(すなわち第一の実体)であるという点が出てくるのである。

以上、一〇二六a二三からは、神学が、数学と自然学との対比において、その特殊性を明らかにされているということを確認した。しかし、なんのために、そのことが明らかにされているのか。「τὸ ὂν ᾗ ὄν の学が第一の哲学たる神学に属する」ということと、どうつながってくるのか。それを理解するためには、そもそもの初めの『形而上学』E巻第一章冒頭へ戻らなければならない。

そこでは、まず、「オンタの原理・原因を我々は探究しているわけだが、そのオンタが、オンタとしてのオンタであることは明らかだ」(一〇二五b三〜四)と言われている。そして、オンタとしてのオンタの原因ではなく、健康の原因(自然学の対象の例と思われる)や、数学的諸対象の原理や構成要素を探究する諸学があるが、これらは、ὄν τι や γένος τι を際立たせて、これに従事するだけで、オンを端的に考察するのではなく、またオンとして考察するのでもないとされる(一〇二五b四〜一〇)。そして、これ以下で、数学と自然学が τὸ ὂν ᾗ ὄν の原理・原因を研究するのにいかに不適格かということが説明されていくが、その不適格性のポイントは、一〇二五b一九でも繰り返されるように、「γένος τι」、すなわち、特定の対象を扱う一つの領域学だということである。しかし、ここからが重要であるが、理論学が、数学・自然学・神学というように、三つに分類される根拠は、それらがそれぞれ特定の対象を扱う領域学だというところにあるのだから、このままだと、τὸ ὂν ᾗ ὄν を考察するのに適した理論学はないということにもなりかねない。これが、一〇二六a二三以下で述べられるアポリアの真意ではないだろうか。

このアポリアを抜け出る道は二つしかないように思われる。一つは、神学の対象と τὸ ὂν ᾗ ὄν は同じものを指すと解する道である。直接的に同じだと言えば神学的解釈になり、結局のところ同じになると言えば前述のロスのような解釈になる。また、τὸ ὂν ᾗ ὄν の第二の局面に神学が関わると言えば折衷的解釈になる。しかし、神学的解釈と折衷的解釈の成り立たないことは既に論じたし、ロスの解釈の難点も述べた。

もう一つは、神学は、自己を他の理論学から区別するその特定の対象として神的な不動の実体を持つが、この神学の対象だけが他の理論学の対象にはない或る特徴を持つと解する拙論の解釈である。その特徴とは、神的実体は第一の実体であるが故に、神学をして一つの領域学としての特定性を超えしめ、普遍的に τὸ ὂν ᾗ ὂν をも対象とする(PK方式)ことを強いるというものである。すなわち、「第一の哲学たる神学に τὸ ὂν ᾗ ὂν の考察が属する」というE巻第一章末尾の言明は、神学と τὸ ὂν ᾗ ὂν の学が内容的に同一であるということを意味するのではなくて、一〇二六a二三からの「数学・自然学との対比を通じての神学の特殊性の明確化」を準備考察として、数学でもなく自然学でもなく神学によってのみ τὸ ὂν ᾗ ὂν の研究が必然的に遂行されるという、神学への τὸ ὂν ᾗ ὂν の研究の必然的帰属関係を意味するのではないだろうか。[5] しかし、この点は、既に『形而上学』Γ巻第一章において説明されており、だからこそE巻第一章では簡潔な形でしか述べられていないのではないか。そこで、Γ巻第一章をみてみよう。


Γ巻第一章は、まず、「τὸ ὂν ᾗ ὂν とこれに自体的に属するものどもを研究するところの或る学がある」(一〇〇三a二一～二二)という宣言から始まる。この段階では、この学の内実はどうか、この学は存在しうるのか、という問題はなんら明らかにされていない。これらについてはΓ巻第二章で論じられるのである。

次に、τὸ ὂν ᾗ ὂν の学が、「部分において成り立つと言われる諸学のうちのどれとも同じではない」(一〇〇三a二二～二三)ことが指摘される。その理由は、それらの学が、「普遍的に、τὸ ὂν ᾗ ὂν について研究しないから」だと言われる。言い換えると、「τὸ ὂν ᾗ ὂν の或る部分を切り離し、その部分について、それに付帯することを研究している」からである(一〇〇三a二三～二五)。Γ巻第一章で部分的な学の例として挙げられているのは、数学と自然学である。

しかし、数学が τὸ ὂν ᾗ ὄν の学と同じでない理由と、自然学が τὸ ὂν ᾗ ὄν の学と同じでない理由は、異なっているように思える。

まず、数学であるが、数学が「τὸ ὂν ᾗ ὄν の或る部分を切り離す」というのは、Γ巻第二章で問題にされるオンの多様な意味のうちの一つ、例えば、算数学が数、幾何学が大きさを扱うというように、量のカテゴリーに包括されるようなものを扱っていることだと思われる。(6) つまり、数学の場合の普遍性が、量のカテゴリーという、ただ一つのオンにおけるものでしかないという点で、数学が τὸ ὂν ᾗ ὄν の学と同じでないのである。

次に、「我々は諸原理や最高の諸原因を求めているのであるから、それらの諸原理・諸原因が、自体的な或るものに属する(7)(φύσεώς καθ' αὑτήν)のでなければならないということは明らかである」(一〇〇三a二六〜二八)と言われている。ここで、「我々は諸原理や最高の諸原因を求めている」という言葉が、『形而上学』A巻第二章から第三章の議論を参照させているということは、どの注釈者によっても指摘されている。それは、「σοφία(知恵)」とは何かが論じられている箇所で、「第一の諸原因や諸原理に関わるもの」(九八一b二八〜二九)とか、「第一の諸原理や諸原因を考察する理論学」(九八二b九〜一〇)と結論されている。そして、次の点が重要だが、そのような学たるソピアーだけが「二つの仕方で最も神的」だとされている。すなわち、神がそれを持つことが最もふさわしい学は、神的な学であるし、神的なものどもにかかわる学も、神的な学であって、ソピアーだけがこのような仕方で最も神的な学だとされているのである(九八三a五〜七)。そうであるとすれば、Γ巻第一章の「我々は諸原理や最高の諸原因を求めている」という言葉は、神学に言及していると考えられる。すると、「我々は諸原理や最高の諸原因を求めているのであるから、それらの諸原理・諸原因が、自体的な或るものに属するのでなければならないということは、明らかである」という言葉の意味は、神学が、その対象たる神的なものども・最高の諸原因を求めると、これによって原因付けられているものとして、「自体的な或るもの」が必然的に要請される、ということである。この「自体的な或るもの」という言葉の「もの」は、原文では φύσις である。この時点では、ピュシスが何を表すかということは判然としないのであるが、Γ2以降でこれが実体と同義に使われるということは、既にみてきた。すると、「自体的な或るもの」とは、自体的な実体、すなわち、馬や人間としての個々の実体ではなく、それらの全実体を含む実体としての実体であろう。言い換えると、様々な属性とそれらを担う諸実体を含む全存在を表すもの、すなわち、τὸ ὂν ᾗ ὄν のことであると考えられる。つまり、神的な最高の諸原因は、原因づけられたものとして τὸ ὂν ᾗ ὄν を要請するというのである。しかしこれはどういうことなのか。W・ブレッカーやレアーレの言うところによると、最高の原因は、最高であるが故に、特定の存在だけの原因ではありえない。特定の存在だけの原因は、やはり特定の原因であって、これはあらゆる存在にとって有効なのではない。したがって、最高の原因の探究は、存在全体(つまり τὸ ὂν ᾗ ὄν)の原因の探究であるということが帰結するのである。(8)

さてその次に自然学のことが論じられている。「個々の存在の構成要素を探究する者達」(一〇〇三a二八～二九)と言われているのは、自然学者であろう。ここで「個々の存在(タ・オンタ)」とは、動物や植物などの個々の実体のことだと考えられるからである。そして「この者達も上述の諸原理を求めていたとすれば」と非現実の想定がされている(一〇〇三a二九)。非現実のこの想定は、自然学者が神学者と同じことをしようとすればどういう結果に終わらざるをえないかという一種の思考実験であり、これを通じて、τὸ ὂν ᾗ ὄν の学の遂行能力が自然学にはないことを述べようとしている――先の数学の場合のように――と思われる。

まず、その者達の求めている構成要素は「付帯的なオンの構成要素ではない」(一〇〇三a三〇)ということが帰結するのだという。「付帯的なオン」とは、実体以外のオン、つまり量などの属性のことであろう。つまり自体的なオンたる実体を対象としているということなのである。この点で数学と異なると言えよう。

しかし次に、「そうではなく、個々の存在（オンタ）としての[9]オンの構成要素であることが必然である」（一〇〇三a三〇～三一）と言われる。つまり、数学のように属性を研究するのではなく、神学と同じく実体を研究するのだが、しかし神学とは違ってオンをオンとしてではなく、せいぜいオンをオンタとして（すなわち個々の諸実体として）しか対象とすることができない、それが自然学の限界であり、神学に及ばない点だと言われているのである。

　自然学の自然学たる所以は、個々の存在つまり諸実体を出発点とし、個々の実体に固有の原因原理を求め、それを積み重ねていくところにある。自然学が、このような原因探究に導かれて原因の連鎖を辿り、ついには最高の原因原理の研究へおもむくことになっても、自然学である以上、個々の実体を離れることはできず、最高の原理を確立することはついにできないであろう。自然学は、自然学である限り、オンをオンタとして考察するものなのであって、「個々の実体」あるいは自然的世界という枠を超えて純粋にオンをオンとして把握し、その最高の諸原理を求めることを自然学者に許さない。それを許すのは、神的な実体という特殊な実体を研究する神学だけなのである。[10]

　それゆえ最後に、「それゆえ、我々こそ[11]（καὶ）が τὸ ὂν ᾗ ὂν の第一の諸原因を把握しなければならないのだ」（一〇〇三a三一～三二）と言われるのである。

　最後に、「τοῦ ὄντος ᾗ ὂν καὶ χωριστόν（『形而上学』K巻第七章一〇六四a二九）という言い回しにおいて τὸ ὂν ᾗ ὂν と χωριστόν とが並置されていることが、これら二つのものは同一のものであるということの証拠になる」という説について論じておかなければならない。

　ハップによると、この説に対しては、次のような二つの態度が取られてきた。一つは、テクストの読みそれ自体には手をつけないで、τὸ ὂν ᾗ ὂν と χωριστόν の並置または結合が、アリストテレスに帰することのできない、誤解だとするものである。[12] この「誤解」というのは、マーランが誤解しているというのではなく、この言い回しそのものがまちがっているというのである。通常はこのような解釈はとてもできないのであるが、『形而上学』K巻ではとりあえず成立する。それは、K巻が、文体論的にみると、アリストテレスが他の箇所では使っていない γε μήν といったような小辞の結合を使用していることから、K巻が偽作ではないかという疑いが出てくるからである。例えば、A・マンシオンの言うところによると、K巻の著者または編纂者は、アリストテレス自身が注意深く区別したこと、すなわち、τὸ ὂν ᾗ ὂν と、χωριστόν（ここでは神のこと）の区別を、いっしょくたにしてしまったということで正当に非難されうるのである。[13] しかし、ロスも言っているように、同一人物がその生涯の或る時期に使っていた言い回しも、後になって使わなくなるということもありうるので、[14] K巻を偽作とすることによってK巻第七章の言い回しを退けるやり方には無理があると思われるのである。

さて、二つ目の態度は、テクストの別の読みを提案するものである。[15] W・タイラーは、「τοῦ ὄντος καθ' αὑτὸ καὶ χωριστόν」（自体的かつ離在的なものとしての存在）だったろうとし、[16] C・H・チェンは、「τοῦ ὄντος καθ' αὑτὸ ᾗ μένον καὶ χωριστόν」（静止的かつ離在的なものとしての存在）と補う。[17] いずれにせよ、τὸ ὂν ᾗ ὂν を消去して、不動の離在者たる神のことしか言われていないとすることがねらいである。チェンの場合は、実際、一〇六四a三二で「不動のもの」という意味で μένοντα という言葉が使われており、脱落の結果ということで一応の説得力があるが、タイラーの場合は、誤写や脱落で説明ができるようなものではない。しかし、両方ともそのような読みをしている写本などがあるわけではないというのが弱いと言えるだろう。

これらに対して、ハップの場合は、存在論的要素と神学的要素との両立的折衷的解釈をとるので、τὸ ὂν ᾗ ὂν と

χωριστόν（ここでは神）が結び付けられていても、何ら差し支えない。ただ、その結び付けられ方が問題である。もし、τὸ ὂν ᾗ ὂν と χωριστόν が並置されるのだとしたら、タイラーの提案するように、χωριστόν が、τοῦ ὄντος と同じ属格の χωριστοῦ となっていて、さらに冠詞 τοῦ も付いていなければならないのであって、現行のテクストのままでは「並置」にはならないであろう。ハップは、χωριστόν が、ᾗ ὂν の ὂν とパラレルになっていて主格であり、ᾗ に依存しているのであって、つまり、χωριστόν は、ᾗ χωριστόν というように解釈できると言う。既に紹介したように、ハップは、ᾗ ὂν を、ᾗ (κυρίως) ὂν と解しており、これはまず、実体たる形相を、そして究極的には、神たる純粋形相を指し示す。ᾗ χωριστόν も同じことであり、根本的には実体の離存独立性を表すが、やはり感覚的実体も神たる不動の実体も表すという。しかし、問題の言い回しの文脈からすると、神的実体が議論の前面に出ていることが分かる。それでこの場合、ᾗ ὂν も、ᾗ χωριστόν も、不動の実体に関わっており、「τοῦ ὄντος ᾗ ὂν καὶ χωριστόν」の καί は identifizierend な καί である――このように解すべきだとハップは言う。[18]

さて、τὸ ὂν ᾗ ὂν と χωριστόν が並置されているというマーランの説に対するハップの批判は正当である。そして χωριστόν がここでは神的実体を表すということも妥当な解釈である。しかし、既に明らかにしたように、τὸ ὂν ᾗ ὂν の ᾗ ὂν は、ᾗ (κυρίως) ὂν とは解せない。従って、問題になっている καί も identifizierend なものではありえない。とすれば、「オンとしてのオン（τὸ ὂν ᾗ ὂν）と χωριστόν としてのオン（神的実体）」という二つの対象を一つの或る学が研究するというのが唯一考えられうる解釈であり、しかも、これは、E巻第一章末尾の「τὸ ὂν ᾗ ὂν の考察が神学に属する」という考えと同じことが述べられているのだと拙論は解する。ただし、K巻第七章ではこのことの論証が欠けている。E巻第一章末尾に対応する一〇六四b六～一四をみてみよう。

「ところで、τὸ ὂν ᾗ ὂν の学が普遍的だと考えるべきか否かという難問が出されるであろう。というのは、数学的諸学の各々は一つの或る限定された類にかかわっているが、普遍的な数学は全てについて共通であるから。それで、もし、自然的諸実体が諸々の存在のうちで第一であるならば、自然学が諸学のうちで第一であるだろう。しかし、もし、それらとは他のもの、つまり離在的かつ不動の実体があるとすれば、これについての学は別の学であり、自然学より先の学であって、より先の学であるということによって普遍的である。」

E巻第一章の末尾では、この後に、「この学に τὸ ὂν ᾗ ὂν の考察が属するであろう」と言われていたが、ここでは言われていない。むしろ、始めの、τὸ ὂν ᾗ ὂν の学の普遍性の問いと、終わりの、神学の普遍性の確認が、一貫した話であるとすれば、τὸ ὂν ᾗ ὂν の学と神学との結びつきがなければならないであろう。つまり、そこで、τὸ ὂν ᾗ ὂν の学と言われているのは、一〇六四a二八～二九の τοῦ ὄντος ᾗ ὂν καὶ χωριστὸν の学のことであろう。

以上からして、K巻第七章の議論は、E巻第一章の研究成果を前提にし、それを別の角度から論じ直していると考えられるのではないだろうか。

結語

さて、第一部では、次の二点が明らかにされた。

（1）τὸ ὂν ᾗ ὂν の学とは、抽象的で内容が空虚な存在概念の学でもないし、神学と内容的に同一な学でもない。また、諸実体の目的論的統一の理論を含んでいるのでもない。そうではなくて、『形而上学』Γ巻第二章の分析結果によるかぎりでは、実体を中心とするプロス・ヘン構造によってオンの多様性を統一的に説明し、基体としての実体と反対のものどもというシェーマによって実体の多様性を統一的に説明する学であると言うことができるであろう。いいかえるなら、オンを全体として普遍的に研究することが、実体の概念そのものの研究(『形而上学』ΖΗΘ巻で遂行されている研究)へと進まねばならないということを基礎づけする学なのではないだろうか。[19]

(2) τὸ ὂν ᾗ ὄν の学(存在のすべての形式の体系的研究を目標とする学)は、自立した学ではない。神を認識したいと思わなければ、いいかえるなら、単に世界——自然の世界にせよ人間の世界にせよ——だけを対象としているかぎりは、必ずしも成立しなくてもよい学なのである。自然学がその都度の考察対象に強いられて存在論の一部分を研究することはありうる。実際、「基体としての実体と反対のものどもというシェーマによって実体の多様性を統一的に説明する」という考え方は、運動変化の説明という自然学的考察の文脈でも登場するのであった。しかし、存在のすべての形式を考察すること(特に実体を中心とするプロス・ヘン構造によってオンの多様性を統一的に説明するという根本的で基礎的な問題をも考察すること)は、自然学自身が必ずしも取り組まなくてもよい課題である。τὸ ὂν ᾗ ὄν の学は、神学の準備学としてこそ必然的に要請される。形而上学は、根本的に神学であるがゆえに、存在論(ここでは τὸ ὂν ᾗ ὄν の学のこと)でもある。アリストテレス形而上学の本質を一言でいえば、τὸ ὂν ᾗ ὄν の研究を必然的に遂行する唯一の学すなわち神学なのである。そしてこの場合の神学とは、一つの領域学としての狭い意味の神学ではなく、領域学としてのあり方を超えていく、「第一哲学」としか呼びようのない学なのである。

(1) Brinkmann, pp. 51-57. Brinkmann のように神学と τὸ ὂν ᾗ ὄν の学を切り離すという意図はない(つまり、この箇所のピロソピアーが、τὸ ὂν ᾗ ὄν の学のことだとはとらない)が、ともかく彼と同じ読み方をする研究者としては Bonitz, (2), Schwarz がいる。(1) αὕτη を直前の「不動の実体」ととる研究者たちは Ross 以前にはかなりいる。しかし彼らも (2) φιλοσοφία と (3) πρώτη を

「第一の哲学」と読もうとして苦心している。たとえば、MacMahon や Rolfes は、「第一の哲学」という言葉で「第一の哲学の対象」が表現されているとした（「不動の実体は自然学の対象よりも先のものであり、そして第一の哲学の対象である」と読ませる）。また、(2) φιλοσοφία の前の「そして」で文章を一度切って、「そして第一の哲学というものがあるわけだが」と非人称で読むという訳もある（Barthelmy-Saint-Hilaire）。しかしどちらもかなり不自然な解釈と言わざるを得ないだろう。このように、(2) φιλοσοφία と (3) πρώτη を「第一の哲学」と読んで、なお自然な解釈をしようとすると、Ross のように解するのがよいと思われる。代表的な近代語訳の Tredennick と Tricot がこれに賛成している。

（2） Ackrill, (2), p. 119. 邦訳一五四頁。

（3） Ascl., 369, 11-19; Thomas, L. VI. l. i, n. 1170.（Thomas はむしろ L. XI, l. vii, n.2267 の方が、解釈がはっきり出されていてわかりやすいかもしれない。すなわち、n. 2267 の方では、最後に、「というのは、第一の諸存在はその他のものどもの諸原理であるから」とつけ加えられている。）Ross, (1), Vol. I, p. 356; Decarie, (1), pp. 120-121; Reale, pp. 170-172; Happ, pp. 341-342, 350.——なお偽アレクサンドロスは別の解釈をしている。つまり、ここで καθόλου とは、「より善く、より価値のある」という意味なのだという（447, 22-32）。しかし、καθόλου にこのような意味があるとするのは、かなり無理があろう。この箇所についての他の解釈は、Thorp が詳しい。（『古代哲学研究』Vol. XXIII, 1991, p. 53 に筆者による論文紹介あり。）

（4） Ross, (1), Vol. I, p. 253.

（5） そして、拙論のように解すれば、アクリルの批判に対処できる。彼は、「神学は、それ自体としては、τὸ ὂν ᾗ ὄν の属性の研究に関わることにはならないのであるから、アリストテレスの議論は成功していない」と言うのであった。しかし、神学と τὸ ὂν ᾗ ὄν の学が内容的に同一でないことは、神学のみが、その固有の対象である神的な第一の実体を超えて τὸ ὂν ᾗ ὄν をも考察する必然性があるという、研究の必然的帰属関係があることと、なんら矛盾しないのである。もしこの関係について同一性が言えるとすれば、内容の同一性ではなくて、むしろ研究者の同一性を言うべきであろう。例えば『形而上学』Γ巻第三章前半で、公理（矛盾律・排中律）についての研究が「τὸ ὂν ᾗ ὄν について研究する者に属する（τοῦ περὶ τοῦ ὄντος ᾗ ὂν γνωρίζοντος）」（1005a28）と言われているが、この研究者は1005a35で「普遍的に第一の実体について研究する者（τοῦ καθόλου καὶ τοῦ περὶ τὴν πρώτην οὐσίαν θεωρητικοῦ）」と言い換えられている（OCT の Jaeger の「τοῦ ⟨περὶ τὸ⟩ καθόλου καὶ [τοῦ] περὶ τὴν πρώτην οὐσίαν θεωρητικοῦ」という校訂案はとらず、Rossのテクストに従った)。これは、「自然学者よりも上位の或る(理論学)者」(1005a33-34)とされ、「自然学も一つのソピアーではあるが、第一のソピアーではない」(1005b1-2)と述べられている。『形而上学』E巻第一章などから分かるように、通常、アリストテレスでは、自然学より上位の学とは神学であり、神学が第一のソピアーである。したがって、「普遍的に第一の実体について研究する者」とは、神学の研究者であろう。そして「第一の実体」とは、神であろう。以上から分かるように、『形而上学』Γ巻第三章前半では、τὸ ὂν ᾗ ὄν の研究者は神学の研究者すなわち第一の実体である神を普遍的に考察する者であると想定されているのである。これが研究者の同一性ということである。この同一性が、医者が自分の病気を治して医者と患者がたまたま同一になった場合のような付帯的な同一性ではなく、必然的な同一性であるということを、『形而上学』E巻第一章は述べているのである。なお、この研究者は、最後に、「哲学者、すなわち、全ての実体について本性的にそうであるものとして研究する者(τοῦ φιλοσόφου, καὶ τοῦ περὶ πάσης τῆς οὐσίας θεωροῦντος ᾗ πέφυκεν)」(1005b6-7)とも言い換えられている。τὸ ὂν ᾗ ὄν の研究が全ての実体の研究になるという点は、拙論第一部第二章の『形而上学』Γ巻第二章の分析「S1について」で確認された。

(6) Alex., 239, 18-19; Thomas, L. IV, l. i, n. 532; Apostle, p. 281, n. 1.

(7) Ross, (1), Vol. I, p. 253 は、καθ' αὑτὴν を φύσις にかける読みを退けているが、拙論はRossに従わなかった。拙論のように、かけて読んでいる訳としては、Barthelmy-Saint-Hilaire, Bonitz, (2), Rolfes, Schwarz がある。拙論の解釈は後で述べられる。

(8) Bröcker, p. 39; Reale, p. 116. cf. pp. 28-29.――ただしこのことから直ちに、『形而上学』Γ巻第二章が τὸ ὂν ᾗ ὄν の学の中に原因論(とくに目的論)を含めているということにはならないと私は考える。この点で従来の折衷的解釈と拙論の解釈が大きく異なってくる。

(9) Cassin/Narcy, pp. 114, 162-164 に従って、有力写本E・Jの読み「ᾗ ὄντα」を復元し、最近のほぼすべての校本が採用している「ᾗ ὄν」というBonitzの提案を退けた。Bonitzの提案は τὸ ὂν ᾗ ὄν というお馴染みの言葉を取り戻そうとしてであるが、しかし写本通りに読んでこそ『形而上学』Γ巻第一章の主旨にふさわしい意味が出るというのがCassin/Narcyの立場である。

(10) つまり、自然学者たちは、彼らが自覚していないとしても、事実上 τὸ ὂν ᾗ ὄν の学を研究していたのであって、アリストテレスは単にそういう学のあることを指摘しただけだというOwens(1), pp. 262-263 のような解釈に拙論は反対しているわけである。なお、自然学と神学の関係については第二部で詳しく取り上げられる。

(11) この *καὶ* を、「……も」(「自然学者たちが事実上やっているように、我々も」)ではなく、強調として読む。

(12) Happ, pp. 407-408.

(13) Mansion, p. 364.

(14) Ross, (1), Vol. I, p. xxvi.

(15) Happ, p. 409.

(16) Theiler, p. 271.

(17) Chen, pp. 57-58.

(18) Happ, pp. 409-410.

(19) 「*τὸ ὂν ᾗ ὄν* の学」という表現は、『形而上学』Γ巻の段階においてはまだ、オンを全体として普遍的に研究するという理念の表明にとどまっているので、この学と『形而上学』Z・H・Θ巻における実体概念そのものの本格的な研究とは、探求の進行段階という観点からは(つまり『形而上学』Γ巻ではいったい何が成し遂げられているのかというテクスト読解上の問題からは)、区別しておいた方がよいと考えられる。

第二部　アリストテレスにおけるPhysicaとMeta-Physica
──『自然学』第八巻と『形而上学』Λ巻──

第二部では、自然学と形而上学の関係の問題を論じたい。従来これは、『自然学』第八巻と『形而上学』Λ巻の関係の問題として論じられてきた。すなわち、両方とも神を論じているが、『自然学』第八巻では自然的世界における動の永遠性を保証する究極の始動因・不動の動者・神がその実在を自然学的に証明されるのに対して、『形而上学』Λ巻ではそのように実在を証明された神について目的因として働くという本性が形而上学的あるいは目的論的に解明されているとみられてきた。

しかしこの解釈に従えば、アリストテレス自身が『形而上学』E巻第一章における学問分類論で、不動かつ離在する実体としての神は自然学の対象にはならないと明言しているにもかかわらず[1]、『自然学』第八巻ではまさに神を自然学の対象としていることになるという困難を引き起こす[2]。そこで、まず第二部第一章では、『自然学』第八巻はいったいどれだけのことを行っているのか、本当に不動の動者の存在を証明できているのか、なぜ『自然学』第八巻だけではなく『形而上学』Λ巻も必要になるのか、PhysicaがMeta-Physicaを必要とする内在的な理由は何か、ということを問題にしたい。

また、従来は神の本性を「形而上学的あるいは目的論的に解明する」と言って済ませているだけであるが、それでは極めて不十分なのではないか。『形而上学』Λ巻では、神が目的因として働くことだけではなく、ヌースであるとも言われているが、このことはどのようにして認識されたのだろうか。やはり目的論的に考察された結果なのだろうか。しかし、目的因であることとヌースであることとは直接には結びつかないのではないか。あるいは「形而上学的に」考察された結果なのだろうか。しかしこの答えもあまり意味がないであろう。アリストテレスには「形而上学」というものが自明なものとしてあったわけではないのだから、まさにその「形而上学的に考察する」とはいかなることかということが問題なのである。従来の解釈は、この「神=ヌース」説を形而上学がどのようにして認識したのかという問題をなおざりにしてきたのではないか。

そこで私は第二部第二章でその問題を考察するが、その手がかりとして、『形而上学』Λ巻において突然に神がヌースであるとされていることを取り上げたい。(3) これは次のようなことである。すなわち、『形而上学』Λ巻において、神に関わる問題が論じられるのは第六章以降であるが、第六章と第七章の途中までは『自然学』第八巻で述べられたことがほぼ忠実にまとめられているのに対して、第七章の途中からは『自然学』第八巻では語られなかったこと、すなわち神がヌースであることが突然論じられはじめ、なぜ神がヌースだということになるのかが非常に分かりにくいというのである。それゆえ、神がヌースだということになる理路を『形而上学』Λ巻第七章と第九章の分析を通じて明らかにし、そのことによって形而上学の方法(ここでは、エンドクサによって正当化された人間と神の類比)について考察したい。私としては、議論の突然さを解消するのではなく、むしろその突然さの意味を方法論的に考えたいと思っている。

そして第二部第三章で、その方法の基礎となるもの(エンドクサの真理性)について反省し、形而上学に要求されている役割をその方法が本当に果たしうるのかということを考察したい。議論のポイントは、エンドクサに基づくディアレクティケーの真理論が、アリストテレスの真理論としてよく知られた対応説的真理論（言論＝ロゴスと事柄＝プラーグマの一致ないし対応が真理であるとする説）とどう両立するかということである。

（1）　*Phys.* II 7, 198a28-31 においても。

（2）　Lang, (2), p. 74.

（3）　H. v. Arnim によって指摘された。Arnim, p. 62.

第一章　『自然学』第八巻における不動の動者の要請
――なぜ Physica は Meta-Physica が必要なのか――

アリストテレスは『自然学』第八巻の考察を特徴づけて、

「(動は世界に常に存在するか否かという『自然学』第八巻の中心問題について)真理を知ることは、自然についての研究(自然学)だけでなく、第一の原理についての探究(神学・形而上学)にも役立つ」(『自然学』第八巻第一章二五一a五～八)

と述べている。シンプリキオスとH・ヴァーグナーによれば、永遠の動の研究は、自然的世界の動の性格や構造を明らかにする限りで自然学に役立ち、その動の第一原因へと遡及する限りで神学(形而上学)に役立つのだという(1)。彼らの解釈は基本的には正しいであろう。

しかし私が特に問題にしたいのは、『自然学』第八巻が「動の第一原因へと遡及する」という仕事をはたして本当にやり遂げられているのかということである。そこでまず、『自然学』第八巻の性格についての従来の解釈をみておくことにしよう。

I

『自然学』第八巻の考察が明らかにしようとしているのが世界全体の動の第一の原因つまり第一の動者(動かすもの)であるという点について異論を唱える研究者はいない。意見が分かれるのは、その「第一動者」に、世界への内在性をみるか、それとも世界からの超越性をみるかという点に関してである。第二部の前書きでも述べた「『自然学』第八巻と『形而上学』Λ巻の関係」の問題も、実はこのことがポイントになっている。

まず、『自然学』第八巻の「第一動者」に世界への内在性をみるJ・パウルスやJ・オーエンスの説をみてみよう。この説によれば『自然学』第八巻の第一動者は『形而上学』Λ巻の神ではない。その根拠は、『自然学』第八巻第五章における「自己動者」(自分自身を動かすもの、あるいは、自分自身によって動かされるもの)の分析である。『自然学』第八巻第五章の議論の大筋は、まず、自己動者が存在しなければならないことを論証し、次に、この自己動者をさらに動かす部分と動かされる部分に分析して、自己動者の動かす部分が不動の第一動者だと結論するというようになっている。この分析によって明らかにされる第一動者は、自己動者の部分としての動者であるが、この自己動者とは第一天のことであり、第一天は生き物と考えられている。すると、生き物にその部分として内在しそれを動かすものは魂に他ならないから、結局、『自然学』第八巻の第一動者とは、第一天の魂であり、『形而上学』Λ巻の神ではないということになる。そして、魂は神を目的として動かされるのであるから、『自然学』第八巻の第一天の魂としての第一動者は、『形而上学』Λ巻の神に従属しているということになるのである。[2] この説とは逆に、『自然学』第八巻の第一動者に世界からの超越性をみれば、『自然学』第八巻の第一動者は『形而上学』Λ巻の神と同じだという線で解釈することになる。もっとも、一般的には（ツェラーやガスリーといった著名な哲学史書の著者も含めて）、内在的か超越的かということは特に問題とならずに、無頓着に同じだとされてきた。(3) それゆえ、内在性を強調する論者は、そのような状況に異を唱え、問題提起するという意義を持っていた。しかし内在性にのみ着目することは一面的ではないかと思われるのである。

II

さて、内在性と超越性の両方の視点をはっきりと打ち出しているという点で注目に値するのが、B・マーヌヴァルトの解釈である。彼の解釈の中心となるのは、やはり『自然学』第八巻第五章の読みである。『自然学』第八巻第五章の大筋を、さきほど述べたように、「自己動者の存在の必然性→自己動者の分析→自己動者の部分としての不動の第一動者の確立」とおさえることはまちがいではない。したがって、不動の動者の、世界への内在も確認されうる。しかしマーヌヴァルトによれば、それだけでは不十分であり一面的なのである。というのは、アリストテレス自身は、『自然学』第八巻第五章の考察を次のようにまとめているからである。

「さて、以上の考察から、第一に動かすものは動かされえないものであるということが明らかである。なぜなら、動かされているもの、しかも何か別の動かされているものによって動かされているものの系列が、(1)第一の動かされえないものへ直ちに向かってそこで終わるにせよ、(2)動かされてはいるが自分自身を動かしたり停止させたりするものをいったん経てから終わるにせよ、(1)と(2)のいずれの場合にも、すべての動かされているものにとっ

て、第一に動かすものは動かされえないものだということが帰結するからである」(二五八ａ四～九)

(2)は明らかに、自己動者の分析を経て不動の第一動者へ至る道のことを言っている。しかし、(1)は、自己動者の分析を経ないで、不動の第一動者へ直接に至る道のことを述べている。しかもそれが『自然学』第八巻第五章の考察に含まれていたと言っており、実際、二五六ｂ一三～二七にそれを確認できる。[4]

ところでマーヌヴァルトによれば、自己動者の分析を経る考察は不動の第一動者の世界への内在性を、自己動者の分析を経ない考察は世界からの超越性を示唆する。それゆえ、『自然学』第八巻第五章からは不動の動者の内在性も超越性も読み取りうるのである。ここからマーヌヴァルトは、『自然学』第八巻第五章の論証の「未決性(Offenheit)」が帰結するという。ここでの未決性とは不動の動者の原因性が内在的なのか超越的なのか決定されていないということである。[5]

次に、マーヌヴァルトが指摘するのは、『自然学』第八巻で用いられている論証が、言わば、「組合せの形式が論理的に完全になること」にうったえて結論を出しているということである。マーヌヴァルトがこの主張の根拠にするのは、さきほども「不動の動者に直接に至る道」として触れた二五六ｂ一三～二七である。

「そして、このこと(第一動者が動かされえないものであること)が帰結したのは、うまく理屈に合っている(εὐλόγως)。(論証１)というのは、三つのものがなければならないからである。すなわち、(1)動かされているもの、(2)動かすもの、(3)動かす手段になるものである。それでまず、(1)動かされているものは、動かされていなければならないが、必ずしも動かさなくてもよい。次に、(3)動かす手段になるものは、動かしも動かされもしなければならない。……(中略)……しかし、(2)動かすもの、すなわち動かす手段になるものではない仕方で動かすものは、動かされえないものでなければならないのである。(論証2)さて、末端のものとして、(a)動かされうるが動の始源(ここでは「動かす部分」のこと)をもたないもの(物体)と、(b)動かされるが他のものによってではなく自分自身によって動かされるもの(生物)とを、われわれは観察するのであるから、(c)動かされえないで動かす第三のものが存在するということが、うまく理屈に合っているのである――それが必然的なのだと断言しないように我々はこう言うわけだが――(εὔλογον, ἵνα μὴ ἀναγκαῖον εἴπωμεν)。……(以下略)……」

マーヌヴァルトはまず論証1についてこう言う。アリストテレスは、「動かす」および「動かされる」という二つの性質が、(1)「動かされているが、動かさない」、(3)「動かされて、動かす」というように組み合わされて、一つのものにおいてあらわれるという事実から大胆に、(2)「動かされないで、動かす」という組合せのものを推論したのであると。論証2も同様で、経験に与えられている二つのもの、(a)「自分以外のものによって動かされていて、動の始源(動かす部分)をもたないもの(物体)」と(b)「自分自身によって動かされていて、動かす部分をもっているもの(生物)」から、(c)「自分以外のものによっても自分自身によっても全く動かされないで、動かすものそのものであるもの」が、推論されているのである。このように組合せの形式を完全にするという観点からの論証をマーヌヴァルトは「シンメトリー論証」と呼び、「第一義的には運動の理論には属さない非自然学的な」論証だと言う。[6] そしてこのことからは『自然学』第八巻第五章の論証の「抽象性(Abstraktheit)」が帰結するとしている。[7]

そこで、マーヌヴァルトは、『自然学』第八巻第五章の論証の未決性と抽象性の意味を問う。この問題の手掛かりを彼は次の二点に求める。まず第一に、未決性については、通常の解釈によると、『自然学』第八巻では不動の動者の存在が始動因として解明されていることになっているが、実際は、不動の動者がどのような原因なのか——始動因なのか目的因なのか——ということは『自然学』第八巻のどこにも規定されていないこと。(8) 第二に、抽象性については、『動物運動論』第一章六九八a一一～一六の、『自然学』第八巻に言及していると考えられる箇所で、『自然学』第八巻の議論が、まず普遍的であると特徴づけられ、それが具体的個別的なことに適用されるべきだとされていること。(9) これらの二点から、『自然学』第八巻の議論の抽象性は、『動物運動論』のこの方法が自覚されているという証であり、その未決性は、その方法に従って、とりあえず不動の動者の原因性を普遍的包括的に全体として、マーヌヴァルトの言い方では「様々な原因の包括的複合」——内在的であるとともに超越的、始動因的であるとともに目的因的であること——として、つかんでいることを示しているとされる。(10) そして、『形而上学』Λ巻はその複合の目的因の要素を本来の意味での不動の動者として切り離すのだとマーヌヴァルトは考えるのである。(11)

III

では、このマーヌヴァルトの解釈を批判し、私の考えを提示したい。まず『自然学』第八巻第五章の考察の「未決性」についてだが、たしかに『自然学』第八巻第五章には不動の動者の内在性も超越性も確認できる。だから、本章第I節で触れたような、どちらかにしか着目しないものは不十分なのである。しかし、内在性の論証と超越性の論証にはその性格について無視できない根本的な相違があるように思われる。しかもその相違は、『自然学』第八巻第五章の「抽象性」にかかわっている。すなわち、「抽象的」であるのは超越性の論証だけであって、内在性か超越性かが「未決」だというのではないと思われる。

まず、内在性における不動の動者の存在の論証をみてみよう。先にも述べたように、この論証は自己動者の存在の論証から始まるが、その結論は「必然(ἀνάγκη)」であると言われている(二五六a二一、三四)。そして、自己動者が動かす部分と動かされる部分に分割されること、その動かす部分が動かされないものであることも、断言の形をとっている。それに対して、超越性における不動の動者の存在の「論証」は、その結論が「うまく理屈に合っている(εὔλογον)」としか言われていない。しかも、「必然的とは言えない」と言い添えられていることから、「蓋然的」という意味で「εὔλογον」と言われていることが分かる。超越性における不動の動者の存在の「論証」は蓋然的なものにすぎない――だから本当は論証とは言えない――のである。[12]

それゆえ、「内在的か超越的か未決だ」という押さえ方は適切ではなく、内在性の論証は必然的で確かなものであり、超越性の「論証」は蓋然的で不確かだとされているとみるのが適切なのではないだろうか。自然学は、内在性における不動の動者の存在ならば必然的なこととして論証することができるが、超越性における不動の動者の存在は蓋然的なものとしてしか示すことができていないのである。

しかし不動の動者の内在性は『自然学』第八巻第六章で否定されていると思われる。なぜなら、そこで、不動の動者は付帯的にさえも動かされてはならないとされているからである。「付帯的に動かされる」とは、動物において、魂はそれ自体としては動かないが、魂がそこに内在する身体が動くことによって、身体と共に動いてしまうことである(二五九b一六～二〇)。そして、動物の身体が動くのは、身体を取り囲んでいる外部の環境と外部から身体の中に入ってくる多くのものによって動かされているからなのである。たとえば、栄養物が身体内に入ってくると、消化のために眠って活動を停止し、栄養が行き渡ると再び活動を開始する(二五九b七～一四)。つまり、付帯的に動かされるものは、自分以外のものに作用を受け自己の動と静止を左右されてしまうものであり、動が連続的であることを保証しないのである。

不動の動者は、そのようであってはならないとされる。もしそのようであれば、世界の永遠に連続的な動の根拠になりえないからである。それ故、不動の動者は、動物の魂のように付帯的に動かされるものであってはならないのである。ところで、付帯的に動かされる動物の魂は動物に内在的であり、不動の動者について「付帯的に動かされる」が否定される以上、不動の動者の内在性はここで否定されているのだとみることができると思われる[13]。つまり、『自然学』第八巻が積極的な成果として示すことができた「内在性における不動の動者の存在」は、結局否定されるわけである。もっとも、「内在的か超越的か」という選択肢の一方が消去されることによって、不動の動者の超越性が消極的に示されてはいる。しかし、不動の動者の超越性を消極的にしか示せないということが、自然学としての『自然学』第八巻の根本的な限界なのである。

『自然学』第八巻には、不動の動者を「神」と呼んでいる箇所はない。これは、たまたまそう呼んでいないというだけのことなのではなく、そう呼ぶことができないのである。なぜなら、自然学は、超越的なものとしての神を積極的に証明することができないので、不動の動者を神として同定することができないからである。このことは、学問の分類で自然学について言われていたとおり、自然学が神そのものを主題とすることはついにないということを示していると思われる。

しかしそもそも不動の動者への遡及が必要であったのは自然的世界の動の永遠性を説明するためであり、その説明が完結するのは超越的なものとしての不動の動者が積極的に証明されたときであるのだから、結局『自然学』第八巻はその考察を独力で完成させることはできなかったということになる。ここに、超越的なものとしての不動の動者を真理として取り扱う形而上学の必要性がある。

『自然学』第八巻は、自然学が独力で自らを完成させることはついにできなかったということの記録であり、アリストテレスが『自然学』第八巻を書いた後に『形而上学』Λ巻の考察へと進まなければならなかった[14]理由を読みとることができる。

そうだとすれば、「自然学は、その存在の証明だけなら、神を対象とできる」とみる伝統的な解釈は疑問である。むしろ自然学は、本来の超越的な神の存在を含めたその基礎を完全に形而上学に負っており、その意味で形而上学は自然学を基礎づけ支えていると言うべきではないだろうか。

（1） Simpl., 1125, 27-1126, 4 ; Wagner, p. 667.
（2） Paulus, pp. 269, 279, 401-5 ; Owens, (1), p. 438, n. 10 ; Pegis, pp. 68-76 ; Manuwald, p. 12.
（3） Manuwald, pp. 12-13 ; cf. Zeller, (1), Vol. I, p. 389 ; Guthrie, (3), p. 252.
（4） Manuwald, pp. 28-29, 40.
（5） Manuwald, p. 77.
（6） Manuwald, pp. 37-40, 80-81.
（7） Manuwald, p. 77.
（8） Manuwald, pp. 10-11, 70-71.
（9） Manuwald, pp. 73-74.
（10） Manuwald, pp. 74-75, 77.
（11） Manuwald, p. 120.
（12） Schrader, Bd. 11, pp. 167-168. Schrader は、さらに、「エウロゴン」であるとされていることは、それが「適切な仮定」であることを示しており、証明する推論ではないという。
（13） ここで否定されているのは、魂が身体に内在するような仕方での内在性である。それ以外の内在性を何かアリストテレスが考えていたかどうかは別の機会に論じたい。

(14)　アリストテレスは『自然学』第八巻を書いた後に(ひょっとすると直後に)『形而上学』Λ巻を書いたという一般の了解に従っている。

第二章　『形而上学』Λ巻第七章における神＝ヌース説の議論構造

——Meta-Physicaの方法の一局面——

Ⅰ

さて、『形而上学』Λ巻第七章において神がヌースだとされている問題のテクストは、次のようなものである。(便宜上、テクストをいくつかの部分に分けた。)

・『形而上学』Λ巻第七章の主要テクスト

「〈**T1**〉してみると、天空と自然はそのような(すなわち、それ自身はもはや動かされることなしに他を動かし、最善の目的因として働き、現にあるのとは別の仕方ではありえず、現実活動態にあるのがその本質であり、永遠であり、実体であるような——筆者)始源に依存しているのである。

〈**T2**〉ところで、この始源の営みは、最善のものなのであるが、我々にとってはわずかの間しかゆるされないようなものである。というのは、その始源は、常にそのような状態にあるから。実際、それは我々には不可能なのである。その始源が常に最善の状態にあるのは、その始源の現実活動態が快楽でもあるからである。

〔T３〕そして、覚醒や感覚や思惟は、現実活動態であるがゆえに極めて快いのであり、また、希望や記憶は、それらの現実活動態の希望や記憶であるがゆえに快いのである。

〔T４〕(a)ところで、それ自身に即した思惟（ἡ νόησις ἡ καθ' αὑτὴν）は、それ自体において最善のもの（καθ' αὑτὸ ἄριστον）にかかわる。(b)そして、最もそれ自身に即した思惟は、それ自体において最善のものに最もかかわる。

〔T５〕しかるに、ヌース＝思惟するもの（知性）がそれ自身を思惟するのは、思惟されるものに与ることによってである。というのは、思惟するもの（知性）は、思惟されるものに触れる（直接的に一体化する）ことによって、すなわち思惟されるものを思惟することによって、それ自身が思惟されるものになるからである。したがって、思惟するもの（知性）と思惟されるものは同一となるのである。

〔T６〕実際、思惟されるものすなわち実体（本質という意味の）を受け取りうるものが、知性なのだが、思惟されるものを実際に受け取っている時に知性は現実活動するのである。したがって、知性が神的な性格をもつと考えられているのは、思惟されるものを受け取りうるものであるということよりもむしろ、実際にそれを受け取って現実活動するということに関してであり、そして知性の現実活動態たる観想は最も快く最も善いものなのである。

〔T７〕それで、もし、我々が一定の時に可能であるような、そのような善き状態に神が常にあるならば、それは驚嘆すべきことである。しかし、もし、我々に可能であるよりも一層善き状態に神があるならば、それはさらにもっと驚嘆すべきことである。しかるに、神はそのようなものなのである。

〔T８〕しかも神には生が属している。というのは、知性の現実活動態は生であり、神はその現実活動態なのであるから。また、神の現実活動態はそれ自身に即しており、最善かつ永遠の生である。

〔T9〕だから我々は主張する。神は最善かつ永遠に生きるものであり、それゆえ途絶えることのない永遠の生と永劫の時が神に属するのであると。なぜなら、それが神なのだから。」(一〇七二b一三～三〇)

この「『形而上学』Λ巻第七章の主要テクスト」において問題の焦点になるのは、T4であろう。というのは、T4において突然に神がヌースだとされていると従来みられてきたからである。すなわち、K・エーラーが指摘するように[1]、T4(a)の「それ自身に即した思惟は、それ自体において最善のものにかかわる」で、神のことが言われているのだと、すなわち神がヌースとされているのだと、しばしば解されてきたのである。この突然さを指摘したアルニム自身は事実上解釈を放棄してしまっている[2]。しかし、G・E・M・アンスコムが次のような興味深い考えを提示している。「なぜ、アリストテレスは、現にある以外には絶対に『他の仕方ではありえない』この純粋に現実的な存在が一つの知性であると想定するのか。そうするのは、彼が、質料をもたない形相と思惟とを同一視するからだと思われる。すると、全くいかなる質料、すなわち可能態ももたないものは、常に思惟している永遠の知性だということになる[3]」。

この解釈が興味深いのは、『形而上学』Λ巻第六章および第七章の前半で得られた結論(すなわち「問題になっている存在は純粋な現実態であって可能態になく質料をもたない」という結論)からT4を導き出し、言わばT4の突然さを消去しようとしているからである。

さて、確かにアリストテレスは『デ・アニマ』第三巻第四章四三〇a三～四やT5において、「質料をもたない形相と思惟との同一性」を語っている。しかし、それは、知性が形相を受け取って思惟することによって同一になるというのであって、最初から直接に同一であるというのではない。何らかの形相と、それを思惟する知性それ自体には、やはり区別があるとみなければならない。それゆえ私はアンスコムの解釈を採用しない。そこで、T４の解釈をもっと詳細にふりかえっておきたい。

II

では、T４の「それ自身に即した思惟(ἡ νόησις ἡ καθ' αὑτήν)」とは何なのだろうか。まず、T４において神のことが論ぜられているとみる従来の解釈の線にそった場合をみておこう。

W・D・ロスやJ・トリコによれば、「それ自身に即した思惟」とは、「思惟以外の感覚や表象といった下位の能力に依存しない思惟」のことであり、それは神のヌースの活動である。なぜなら、人間のヌースは感覚や表象に依存するからである。そして、そのような「それ自身に即した思惟」・神の思惟がかかわる「それ自体において最善のもの」とは、神のヌースそれ自身である。――このようにロスやトリコーは解する。[4]

さて、この解釈について私は次のように考える。まず第一に、T４の全体に関わることについて。T４は(a)の「ところで、それ自身に即した思惟は、それ自体において最善のものにかかわる」と、(b)の「そして、最もそれ自身に即した思惟は、それ自体において最善のものに最もかかわる」からなるのだった。もし、(a)においてすでに神のことが言われているとすれば、その最上級の表現から明らかに神のことが言われていると思われる[5](b)は(a)の強調にすぎなくなって、(b)が言われなければならなかった意味が分からなくなってしまうと思われる。

第二に、T４(a)の命題成立の論理について。「それ自身に即した思惟」を、「感覚や表象に依存しない思惟」と解した場合、どうしてそれが「それ自体において最善のもの」を対象にするということになるのだろうか。

しかし、あえてその論理を推察すれば次のようになるのかもしれない。すなわち、「感覚や表象に依存しない思惟」とは神の思惟だとロスらは解したわけだが、しかるに神の思惟の対象は神のヌース自身であるというのがアリストテレスがまさに引き出したい結論であり、神のヌース自身は「それ自体において最善のもの」と言ってよいからだ、ということになるかもしれない。しかしながら、「神の思惟の対象は神のヌース自身である」という命題はこの段階ではまだ証明されておらず、結局は、まだ証明されていない命題を使った独断的な議論だということになってしまうのではないだろうか。

第三に、T4の文脈について。先に、神がヌースとなることの突然さを消去しようとするアンスコムの説を紹介したが、ロスらの場合は、全くの突然ということになってしまう。つまり、アリストテレスの説はやはり独断的だということになってしまうのではないだろうか。

以上の理由から、私はロスらの解釈を受け入れることができないのである。

では次に、T4において神のことが論ぜられていないとする解釈をみてみよう。まず、偽アレクサンドロスは、「それ自身に即した思惟」を、単に「現実活動態にあるヌース」と解し、これを特に神に限定しなかった(6)。この説は、ロスによって批判された。ロスは、「それ自身に即した」という言葉から、偽アレクサンドロスの言うことを読み取るのは困難であると言うのである(7)。偽アレクサンドロスの説は、ロス以後にも、エーラーによって支持されているが(8)、やはりロスの言うとおり無理であるように思われる。というのは、確かに「現実活動態にあるヌース」は「思惟」なのであるが、しかしそうすると、「思惟」に「それ自身に即した」という限定がわざわざ付けられている理由が分からなくなるからである。また、思惟対象が最善のものになる理由も分からないであろう。

さてもう一つの説は、L・エルダースのものである。エルダースによれば、「それ自体に即した」の「即した(κατά)」という前置詞は、まさに思惟の活動に含まれるものを強調しており、外部から来る影響からこの活動を引き離しているということになる。[9] つまり「それ自体に即した」とは、「純粋な」という意味だというのである。この説は事実上ロスらの解釈と同じであると考えられるが、このように解された「それ自身に即した思惟」を、神の思惟と同一視せず、感覚によって妨げられていない場合の人間の思惟活動だとする点が異なっている。

私はこの説にも困難があると考える。というのは、純粋な思惟ということからは、その対象が純粋であるということしか出てこず、なぜ「それ自体において最善のもの」が対象になるか分からなくなるからである。

さらにエルダースは、T4(b)についても、神のことが述べられていないとみるようであるが、[10] 私はこれにも賛成できない。もしエルダースが正しいとすれば、なぜT4(b)で最上級の表現が用いられているかが理解できないであろうからである。

さて以上から、従来のT4の解釈は不十分なものであったということが明らかになったと思われる。要するに従来の解釈では、T4が(a)(b)の二段階になっていることの意義が明らかでなく、また思惟対象が純粋であるということしか出てこないのである。そこで次に、この二点に注意しつつ私自身の解釈を提示したい。

III

まず私は、T4(a)の「それ自身に即した思惟」の「それ自身に即した(καθ' αὑτήν)」という言葉を、「κατά

συμβεβηκός」との対比で言われている、つまり「自体的—付帯的」という対概念が念頭に置かれたうえで言われていると解するのが最も自然な解釈であると考える。「付帯的」と対比された「自体的」とは、「それが何であるかという定義に含まれている」つまり「本性的な」ということであるから[11]、「それ自身に即した」とは、簡単に言えば、「その本質・定義に即した」「本性的な」ということではないだろうか。

ところで、思惟は知性の現実活動態であるから、思惟の本質とは、結局、知性の本質である。しかるに知性は、実体として善いもの、言い換えると、それ自体として本性的に善いものであるということを、アリストテレスは『エウデモス倫理学』や『ニコマコス倫理学』の「善の多義性」(善は全てのカテゴリーに登場するということ)を論じている箇所では必ず述べる[12]。

すると、思惟が、それ自体として本性的に善いものであるという知性の本質に即して働いているときには、すなわち、善いものという自己の本性を実現しているときには、「それ自体において最善のもの」、つまり本性的に善いものを対象として働いているであろう。なぜなら、T5で説明されるように、思惟と思惟対象は同一になるので、思惟対象が本性的に善いものでないと、思惟は、自己の本性に反して、善いものでなくなってしまう可能性が残るからである。このことを逆に言えば、もし思惟がそれ自身に即さずに働くならば、必ずしも善きものを思惟せず悪しきものをも思惟する可能性がある[13]。つまり悪しき思惟になる可能性がある。「それ自身に即した」という限定には、このような「悪しきものの思惟」を排除する意味がある。——これが私が理解するところのT4(a)の命題成立の論理である。

このように解されたT4(a)は神のことが述べられているのではありえない。神には悪くなる可能性はないからである。したがって、T4(a)の思惟は人間の思惟であろう。それに対して、T4(b)で最上級の表現が使われているのは、(a)の悪くなる可能性を完全に排除して、神のことを表現しようとしているのではないだろうか。これは、すなわち、(a)の卓越化が(b)だということであり、内容から言えば、人間のヌースを卓越化させることで神のヌースの認識を行っているということである。すなわち、(a)と(b)を合わせてT4を全体としてみるならば、神を認識するために人間との類比という方法が取られていることが読み取れるのではないかと私は考える。

しかもそれはここだけではない。T7がそうである。そして『形而上学』Λ巻第九章全体もそうである。ここでは代表的な二つの箇所を中心にΛ巻第九章をみておこう。

まず第一は、Λ巻第九章の冒頭部である。冒頭部の「ヌースに関わることには幾つかの難問がある」(一〇七四b一五)における「ヌース」は、偽アレクサンドロス以来ほとんどすべての研究者が「神のヌース」だとしている。[14] しかしもしそうであればその次にくる「なぜなら、ヌースは諸現象のうちで最も神的であると考えられているが、それがどのような有り方をしているが故に最も神的であるのかということには幾つかの難問があるからである」(一〇七四b一五～一七)の「最も神的」という言葉の意味が理解できなくなる。というのは、神のヌースが「最も神的」であるのは同語反復だからである。この「最も神的」という言葉は、神でないもののヌースについて言われなければ無意味であろう。実際、一〇七四b一七以下の考察は、「そのヌースが何も思惟していないとすれば」、すなわちヌースが現実活動態にないとすればというケースの検討から始まっているが、もし神のヌースが問題になっているとすれば、神が常に現実活動態にあることがすでに判明している以上、そのケースの検討は余計なものになってしまう。これは、常に現実活動態にあるわけではない人間のヌースが問題になっているからこそ、とりあげなければならないのではないだろうか。これ以降の考察も、人間のヌースに可能な有り方から、「尊厳(σεμνόν)」(一〇七四b一八)や「尊さ(τίμιον)」(一〇七四b二一)をもたないものを排除していくという方法をとっていると読むことができる。[15]

第二に、Λ巻第九章の結論部である。そこでは、「ちょうど人間のヌース(ὁ ἀνθρώπινος νοῦς)……が或る時にもつような、そのような状態を（ὥσπερ … οὕτως）……自分自身にかかわる思惟それ自体は永劫にわたってもつ」（一〇七五a七～一〇）とあり、ここには、はっきりと類比の方法が読み取れる。すなわち、類似性（ὥσπερ … οὕτως）を取り出した上で、それを卓越化（「或る時」を「永劫にわたって」に）させているのである。

IV

もっとも、アリストテレスが『形而上学』Λ巻において神を認識するために人間との類比という方法をとっているということ自体は、すでにH・G・ガダマーやエーラーやエルダースによって主張されている[16]（主流の解釈にはなっていないが）。しかし人間との類比の方法を指摘するだけでは不十分であると私は考える。というのは、それだけだと、なぜ類比における人間の側の対応者としてヌースが選ばれるのかが、したがって結局なぜ神がヌースということになるのかが分からないからである。しかしとりあえずは、類比の方法の観点からT4の前のT1～3をみてみることにしよう。

まずT1についてであるが、「してみると」という言葉から、T1が、『形而上学』Λ巻第六章から第七章のT1以前までの考察のまとめであること、また、「天空と自然」という言葉から、その考察の対象が自然学の対象であったこと、そして、「始源に依存している」からは、その考察のテーマが自然学の対象と始源との関係の解明であったことが分かる。

そのようなT1に対してT2がもっている顕著な特徴は、「我々」すなわち人間が始源との比較対象として持ち出されていることである。実際、『形而上学』Λ巻第六章から第七章のT1までのテクストでは、始源と人間が対比されることはなかったのである。それゆえ、エルダースが、T2から新しい節が始まるとしているのは正しいと思われる。[17]

では、その比較において何が確認されているのだろうか。まず、「この始源の営みは、最善のものなのであるが、我々にとってはわずかの間しかゆるされないようなものである。というのは、その始源は、常にそのような状態にあるから」という文から、始源と人間の差異(すなわち、始源は常に最善の状態にあるが人間はわずかの間しかその状態にあることはできないということ)を読み取るのは容易であろう。しかし、ここからはまた、始源と人間の何らかの類似性(すなわち、たとえ短い間にせよ、しかも、T7の「我々に可能であるよりも一層善き状態に神がある」から示唆されるように、始源と同じレベルの善さにはありえないとしても、ともかく、人間が始源の最善の状態にあずかりうること)も読み取ることができるように私には思われる。

そのように、始源と人間の何らかの類似性が確認された上で、次に、始源の「営み」すなわち「現実活動態」の性質が「快楽」でもあると指摘されている。

もし、『形而上学』Λ巻第七章の主要テクストにおいて、人間との類比という方法が働いているという我々の予想が正しければ、始源と人間の何らかの類似性に立脚しながら、今度は、人間においてその現実活動態が快楽であるようなものが、次のT3のテクストで示されるはずだという予測が立てられうるが、事実そうなっているのである。

特に、我々の視点が有益であるのは、従来のほとんど全ての校本ならびに翻訳がT3を、『形而上学』Λ巻第七章の主要テクストにおける逸脱的文章としてしか扱いえなかったからである。というのは、T3の「感覚・希望・記憶」などは、明らかにアリストテレスの神にふさわしくなく、どうみてもT3は人間のことをいっているとしか読めないからである。しかるに従来の読み方では、『形而上学』Λ巻第七章の主要テクストでは神のことがただ一方的に述べられているとしか見ることができなかったので、T3を、何かついでに述べられたことのように扱うことしかできなかったのである。

しかし、類比の方法という視点が有益なのはここまでである。なぜなら、T3で類比における人間の側の対応者の候補として「覚醒・感覚・思惟・希望・記憶」が挙げられ、T4でこれらのなかからただ「思惟」のみが選び出されるが、単に類比の方法という観点からだけでは、なぜ他ならぬ「思惟」が選ばれるのかがついに分からないからである。

それを理解するためには、序論で述べた「エンドクサの方法」(いわゆるディアレクティケー)がここで働いていると見なければならない。というのは、T6において「知性が神的な性格をもつと考えられている(δοκεῖ)」と言われており、また『形而上学』Λ巻第九章でも「知性は諸現象のうちで最も神的であると考えられている(δοκεῖ)」(一〇七四b一五～一六)と言われている(そして知性の働きが思惟である)からである。「人間の持っているヌースは、神的である、神と類比的である」という、このエンドクサが前提にされていると解釈すれば、なぜ類比における人間の側の対応者としてヌースが選ばれるのか、従って、結局なぜ神が、人間にみられるヌースの規定を卓越化させたヌースということになるのかが了解できるようになるのではないだろうか。

さて、以上の考察の結果をまとめると次のようになろう。

突然に神がヌースとされるという問題に関しての従来の解釈には、その突然さを解消しようとするものと、その突然さが全くの突然であって了解不能だとするものがあったのだった。

これらに対して私は、突然さを解消しようとする立場には反対するが、了解不能な全くの突然だとする立場にも反対し、了解可能な突然さだとした。すなわち、従来の解釈がもっぱらＴ４にのみ注意を払ってきたのに対して、私はＴ２から見直す道をとったのだった。Ｔ２から見直すということは、アリストテレスの視点が、Ｔ１までにおける自然と始源の関係から、「我々」人間と始源との関係つまり対比に(正確には類似性と卓越性に)移ったこと、すなわち彼が人間と神の類比を方法にしはじめたことに着目するということであった。しかも人間と神の類比を正当化するものとしてエンドクサが根底に働いていると解してこそ、テクストを筋道だったものとしてみることができるとしたのであった。

真の突然さは、神がヌースであるとされるという内容面でのことではなく、むしろ人間と神が類比的であるとされる方法論の面で起こっているのである。

私は、前章において、自然学は超越的なものとしての不動の動者を証明できないので、それを真理として取り扱う形而上学が必要になるとしたが、超越的なものであるヌースが神であるとする形而上学がそのことを打ち立てるのは、エンドクサに基づいた人間と神の類比によってなのである。

（１）Oehler, (1), p. 203.
（２）Arnim, p. 62.
（３）Anscombe/Geach, p. 59. 邦訳一〇三—一〇四頁(なお、拙論での用語法に合わせて、「精神」を「知性」に、「思考」を「思惟」に変えたうえで訳文を使用させていただいた)。
（４）Ross, (1), Vol. II, pp. 373, 378, 379 ; Tricot, Tome. II, p. 681, n. 3.
（５）Schwegler, Bd. IV, p. 266, n. 13.
（６）Ps-Alex., 697, 16-18.
（７）Ross, (1), Vol. II, p. 379.

(8) Oehler, (1), p. 203. n. 1.

(9) Elders, p. 186.

(10) Elders, p. 187.

(11) *A Po.* I 4, 73a34-74a5 の *καθ' αὑτά* の説明を参照。

(12) *EE* I 6, 1217b30-31 ; *EN* I 6, 1096a23-25.

(13) 実際、*Met.* Λ9, 1074b31-32において、「思惟することや思惟は、最も劣悪なものを思惟する者にも属する」と言われている。

(14) Ps-Alex., 710, 36 ; cf. Ross, (1), Vol. II, p. 397 ; Apostle, p. 209 ; Elders, p. 248.

(15) 『形而上学』Λ巻第九章冒頭部のヌースが神のヌースに限定されないということはすでにLang, (3), pp. 258, 272, 274で指摘されている。特にp. 274では、RossのΛ巻第九章解釈が批判されている。

(16) Gadamer, p. 56 ; Oehler, (1), p. 203 ; Elders, pp. 181, 187, 191.

(17) Elders, p. 180.

第三章　エンドクサの真理性
——Meta-Physica を支えるもの——

しかし私のような解釈をとる場合、アリストテレスの形而上学の真理性は、エンドクサの真理性に大きく依存することになる。エンドクサが何か不確かなものであるとすれば、そのようなものを出発点とする形而上学もまた不確かなものとなり、学としてふさわしくないものになってしまうであろう。また、『自然学』第八巻が、通常考えられているのとはちがって、超越的なものとしての神の存在を証明しているのではないとすれば、そのような神の存在を保証するのもエンドクサということになる。この点についてはどうか。これらの問題を考察するため、私はエンドクサの真理性について論じたい。

I

以前には単に倫理学の方法にすぎないとされてきたディアレクティケーが、近年(G・E・L・オーエンの記念碑的な論文「パイノメナを置くこと」以来)、自然学にも形而上学にも用いられる、アリストテレス哲学の方法の非常に重要な契機として再評価されるようになってきた。しかし、ディアレクティケーの哲学的重要性の強調にともなって、ディアレクティケーの客観性そのものもあらためて疑われはじめた。その疑いの根拠は、結局、ディアレクティケーの出発点であるエンドクサが、人々に「思われている」ことにすぎない(つまり客観的に「知られている」のではない)のではないかということであった。それに対して、ディアレクティケーの客観性を擁護しようとする論者たちは、《エンドクサとは人々に思われていることにすぎない》という前提そのものには手をつけず、エンドクサに吟味が加えられ真なるエンドクサと偽なるエンドクサの「取捨選択」(selection)が行われるが故にディアレクティケーは客観的であるとしたのである。

たとえば、J・バーンズは、『ニコマコス倫理学』第七巻第二章の「さて、諸々のアポリアは以上のようなものとして起こる。そこで、それらのうちのあるものどもは捨て、あるものどもは残さなくてはならない。なぜなら、アポリアの解決が真実の発見であるから」(一一四六b六～八)という文の「それらのうちの」を「諸々のエンドクサのうちの」ととって、最初に集められたエンドクサのうちのいくつかは偽として捨てられるとしているが[1]、「それらのうちの」をそう解釈するのは無理だと思われる。通常は「諸々のアポリアのうちに含まれるあるものども(エンドクサの間に混乱を生み出す諸要因)を捨てる」と解するからである[2]。

しかし、ディアレクティケーの客観性について非常に強力な主張をなして注目を集めたのが、T・アーウィンである。アーウィンは、《直接に事実そのものではなくエンドクサからしか出発しないディアレクティケーを駆使するアリストテレスには、人間の意識や主観に依存しない事柄そのものという考えはない》という立場(antirealismとも呼ばれる)をとろうとする最近の論者たちを批判し、もしそうだとロゴス(理論)に対してプラーグマ(事柄)を優先させるアリストテレスの対応説的真理論(ロゴスが、それに依存しないプラーグマに一致するか一致しないかで、そのロゴスが真理か否かを決める)が説明できなくなるではないかとしている[3]。

そこでアーウィンは、ディアレクティケーを駆使しながらもなおかつ客観的な真実に到達できるとアリストテレスは考えているのではないかというラインをとる。そのために、アーウィンはディアレクティケーを次の二つに分ける。

（1）pure dialectic（あるいは ordinary dialectic）――『オルガノン』における限定されたディアレクティケー。エンドクサの間の整合性を吟味する。エンドクサを明晰化し、それに含まれている混乱を取り除き、我々のものの見方を転換する。しかし、諸見解の間に整合性を成り立たせることは、客観的実在の本性についての発見をするのとは、原理的に異なっているように思われるとアーウィンは言う。[4]

（2）strong dialectic（あるいは constructive dialectic）――『形而上学』における限定解除されたディアレクティケー。具体的には『形而上学』Γ巻における存在としての存在の普遍学・第一哲学のこと。この学は dialectical arguments に基づいて客観的真実に到達できるとアリストテレスは想定しているとアーウィンは言う。[5]

しかしそもそもディアレクティケーには客観的真理に到達できる力があるのかという疑問が生じる。dialectical arguments と彼がそれから引きだそうとしているように思える結論（客観的原理）の間には明らかなギャップがある。[6] このギャップを埋めるのが「強いディアレクティケー」である。[7] 通常のディアレクティケーの結論の弱さの源は、前提としてどんなエンドクサを選ぶべきかということについてあまり積極的に要求しないことである。[8] それゆえ、強いディアレクティケーにはエンドクサの selection が必須である。これが強いディアレクティケーである。[9]

そこでエンドクサの selection の根拠が問題になる。数あるエンドクサから適切なものを選び出すには、その基準となるもの、つまりエンドクサから発見されるべき原理を既に持っていることが前提されるのではないか、もし既に原理を持っているのならばエンドクサを選び出すことなどそもそも不必要になるのではないかという疑問が出てくるであろう。すなわち、エンドクサの選択と原理の発見との間に循環があるのではないかという疑問である。しかし循環は起こらない。いろいろなエンドクサの中のどれが「信頼できる（reliable）か」――「真であるか」ではなくということであろう(筆者)――についてのなんらかの見解(some views)を我々は持ちうる。これは、第一の原理についての明確な見解(definite view)に必ずしも依存しない。このreliabilityについての判断は、単なるエンドクサにではなく、通常の(first-orderの)エンドクサより上位の(second-order の)エンドクサに訴えることによってなされる。より上位のエンドクサは、個々の諸前提を吟味することによって得られる。この吟味が、strong dialecticにとって必要とされるようなargumentに結実する。アリストテレス自身が行う吟味の新たな出発点が個々の学問の根本前提に基づくならば、その吟味は単にエンドクサから出発しているのではないのである。[10]

そこでアーウィンはアリストテレスの形而上学を「カント的」なものだと言う。[11] アリストテレスは、《学はどのようにして可能か》という「カント的」な問いを問うている。つまり、事物についての学的知識があるとすれば、その事物はどのようであらねばならないかを問うている。[12] 形而上学は、通常のfirst-order sciencesの前提を問うsecond-order scienceである。[13] その意味で、アリストテレスの形而上学のargumentは、transcendentalであり、a prioriな知識を具現しているという強い主張を持つ。[14] このようにアーウィンは主張する。

さて、以上について簡単に批評すると、アリストテレスのディアレクティケーを単なる《諸見解の吟味》以上のものにするためには、やはり、吟味の素材となるエンドクサそのものに何らかの「強さ」を認めるしかないように思われる。問題はどのようにして認めるかである。アーウィンの場合、それは、客観的実在を扱っており一定の真理を獲得していると認められている個々の学問の根本的前提としてのエンドクサはやはり客観的実在にかかわっており一定の真理性を持つと想定されているわけだろうか。つまり、エンドクサの真理性を保証するのは結局のところ個々の学問の真理性なのだろうか。

個々の学問(特に自然学など)はempiricalであってdialecticalな手続きによって研究が遂行されるのではないという

ことをアーウィンは強調する。これは、形而上学がempiricalではなくdialecticalだということを含意している。しかし、empirical/dialecticalという二分法そのものが妥当かどうか。個々の学問の真理性と形而上学の真理性にempirical/dialecticalという区別がないとすれば、エンドクサの真理性を個々の学問の《客観的》真理性に求めることはできなくなるのではないか。さらに、オルガノンの「通常の」ディアレクティケーがエンドクサの選択に頓着しないという点は全く同意できない。『トピカ』にはエンドクサの厳密な定義があり、単に「自分に思われること」からエンドクサを区別しているからである。

形而上学が、通常の個々の学問より上位の、言わば《メタ・学問》だという点はいいように思われるが、形而上学の知が「ア・プリオリな知」かどうかも、にわかには同意できない。形而上学の知は経験あるいはプラーグマによって検証されないのだろうか(形而上学の対象が経験あるいはプラーグマに明瞭に現れていないとしても)。

II

そこで、私は、《エンドクサとは人々に思われていることにすぎない》という前提そのものを疑いたい。一口に「エンドクサ」といっても、大きく分けると二つの意味がある。(15)

一つは、単に「もっともらしい考え」という意味であって、この意味のエンドクサはまさに不確かなものであり、偽でありうるものである。たとえば、『トピカ』第八巻第十二章の「ψευδῆ ἔνδοξα」(一六二b二七)は「偽であるがもっともらしい見解」、「ὄντα μὲν ἄδοξα δέ」(一六二b二八)は「真ではあるがもっともらしくない見解」である。この用法のエンドクサは、結局のところ、「τὸ δοκοῦν αὐτοῖς」(『トピカ』第八巻第一章一五六b八)、すなわち「自分たちに思われること」でしかない。もしアリストテレスの形而上学が基づくところのエンドクサが、この意味のエンドクサであるとすれば、形而上学の学的性格に問題が生じてしまうであろう。

しかし、アリストテレスが形而上学的考察を行う場合のエンドクサは、何度か触れたように、「すべての人に思われていること」、「すべての人にみなされていること」であった。このようなエンドクサは、アリストテレスが正式に且つ厳密に定義するエンドクサであって、単にもっともらしいという意味ではない。

ところで、アリストテレスのエンドクサの定義とは次のようなものである。

「エンドクサとは、すべての人あるいは大多数の人あるいは知者たちに、そして知者たちのすべてあるいは大多数に、または最も著名で名声のある人たちに思われていることである」(『トピカ』第一巻第一章一〇〇b二一～二三)

この定義における「どんな人に思われているか」という条件(「大多数の人あるいは知者たちに」思われる、と略して言うことにしよう)は、厳格に守られている。それは、『トピカ』第一巻第一章一〇一a一〇～一三で、エンドクサから推論していない人たちの証拠として、「かれらが取り上げているのは、すべての人たちにも大多数の人たちにも知者たちにも、そして知者たちのすべてにも大多数にも、もっとも名声ある人たちにも、思われていないことだからである」と言われていることから、うかがうことができる。「大多数の人あるいは知者たちに」という条件を満たさないものは、「みかけだけのにせのエンドクサ(*φαινόμενα ἔνδοξα μὴ ὄντα*)」(『トピカ』第一巻第一章一〇〇b二四

～二五）とも言われている。

III

それでは、厳密な意味でのエンドクサの真理性はどうなっているのだろうか。

アリストテレスは、『ニコマコス倫理学』第一巻第七章で、幸福の定義を人間の固有の「ἔργου」（働き）から導出してみせたあとで、同・第一巻第八章で、さらにその考察を、「τὰ λεγόμενα」（人々によって言われていること）にもとづいても行わなければならないとしている（一〇九八ｂ九～一一）が、その理由を述べる際に彼は、τὰ λεγόμενα を「τὰ ὑπάρχοντα」（現にあること）と言い換え、真なる理論にはこの τὰ ὑπάρχοντα が一致すると言い、さらに τὰ ὑπάρχοντα を「τἀληθές」（真実）とも言い換え、この τἀληθές は偽なる理論には一致しないから、『ニコマコス倫理学』第一巻第七章の幸福論を τὰ λεγόμενα にもとづいて考察することもしなければならないと言っている（一〇九八ｂ一一～一二）。ここでアリストテレスは明らかに、エンドクサであるレゴメナ[16]が真だと言っているのである。

また、アリストテレスは、幸福についての諸見解を列挙した（一〇九八ｂ二二～二六）あとで、「以上の諸見解のうちのあるものは多くの人や昔の人たちが言っていることであり、あるものは少数の評価されている人たちが言っていることである」（一〇九八ｂ二七～二八）と言って、列挙された諸見解が（『トピカ』で定義された）エンドクサであることを確認し、「それらの見解のどちらもが全く完全に誤っているということはなく、少なくともある点に関して、いや、大多数の点に関してさえも、正しいということが理にかなっている」（一〇九八ｂ二八～二九）としている。ここでもやはり、エンドクサが全くの偽ということはないとアリストテレスは主張しているのである。

また、アリストテレスは、

「真ではあるが明晰ではない諸々の見解を通じて[17]（διὰ τῶν ἀληθῶς μὲν λεγομένων οὐ σαφῶς δέ）、真でもあり明晰でもある見解（καὶ τὸ ἀληθῶς καὶ σαφῶς）を得ようと試みられねばならない[18]」（『エウデモス倫理学』第二巻第一章一二二〇a一六～一八）

とも言う[19]。この言葉によるならば、厳密な意味のエンドクサは最初からその真理性が保証されていることになる。問題はただ、それが明晰でないということだけなのである。しかし、エンドクサがはじめからもっている真理性とはどのようなものなのか。そしてその「明晰性」とは何なのか。

「真ではあるが明晰ではない」見解の例として挙げられているのは、「健康とは身体の最善の状態である」とか「コリスコスとは、アゴラにいる人たちのなかで一番色黒の人である」というものである（一二二〇a一九～二〇）。そして、これらの見解が「明晰でない」とは、健康やコリスコスの「何であるかを我々が知らない」ことだと言う（一二二〇a二〇）。しかし、「真ではあるが明晰でない」見解を持っていることは、それらの「何であるか」を知ることに「役立つ」と言う[20]（一二二〇a二〇～二二）。

「真ではあるが明晰でない見解」は、また、「混濁した仕方で言われるのが常であること（τὰ εἰωθότα λέγεσθαι συγκεχυμένως）」（『エウデモス倫理学』第一巻第六章一二一六b三四～三五）とも言われている。『自然学』第一巻第一章でも「混濁したこと（τὰ συγκεχυμένα）」について語られている（一八四a二一）が、ここでは「混濁した仕方」の代わりに「漠然とした仕方で(ἀδιορίστως)」と言われている(一八四b一二)。そして、「漠然」としたものを「明晰」なものにする仕方が次のように説明されている。すなわち、名称というものは「或る全体を漠然とにせよ表示している(ὅλον γάρ τι καὶ ἀδιορίστως σημαίνει)」が、「その定義がその全体を個々の部分に分かち(ὁ δὲ ὁρισμὸς αὐτοῦ διαιρεῖ εἰς τὰ καθ' ἕκαστα)」明確にすると言われている(一八四b一〇～一二)。例としては「円」と「父と母」が挙げられている。例が挙げられているだけで詳しい説明がないのであるが、私は次のように解したい。すなわち、「円」という名称は円という対象を漠然とではあれともかく表示しており、円の定義(何であるかということ)が、漠然と表示されていた対象を、類と種差という形で分析的に明確に把握するのである。[21] 次に「父と母」の例だが、これは、「幼児は、はじめ、すべての男を『パパ』と呼び、すべての女を『ママ』と呼ぶが、あとになって、それらの人たちの各々を区別する」と言われている(一八四b一二～一四)。これは、幼児にとって、たとえば、「ママ」とは胸のふくらんでいる人のことで、「パパ」とはヒゲのある人のことであるとすれば起こることだと考えられよう。この「把握」(?)はまちがってはいない。たしかにママは胸がふくらんでおり、パパはヒゲがあろう。だから、真であると言ってよい。しかし、明晰ではないのである。つまり、定義ではない。それゆえ、「すべての男を『パパ』と呼び、すべての女を『ママ』と呼」んでしまうのである。しかし、父とは何か、母とは何かを理解するようになれば、そのようなことはなくなるのである。本当にこんなことが起こるのかどうかは別にして、アリストテレスの言いたいことはこういうことではないだろうか。

以上から、「真ではあるが明晰ではない見解」、たとえば、「健康とは身体の最善の状態である」は、健康を漠然と表示していることになろう。そうだとすると、この見解が、明晰ではなく漠然とはしていても、なお真であるのは、たとえ漠然とではあるにせよ、ともかく対象を表示しているからではないだろうか。

「真ではあるが明晰ではない見解」、「混濁し漠然とした見解」が対象を漠然とした仕方で表示するのではないかという私の解釈のテクスト上の証拠として、そういった見解が『自然学』第一巻第一章では「感覚によって」(一八四a二五)知られると言われていることをあげることができる。しかもこの「感覚」とは「幼児」でさえも現に働かせているようなレベルのものである。このような極めてプリミティブな感覚にはそれ自体としては偽の可能性はない。『デ・アニマ』第二巻第六章で示されているように、それを命題の形式で表現するとき、記述の仕方が不適切になる可能性が出てくるのである。このように、漠然とした見解がまさに漠然としているのは、プリミティブな感覚を幼児のように無批判的に述べているからであり、それが明晰ではなく混濁しているとしても、ともかく真であるのは、幼児でも持っているようなレベルの基本的な感覚に基づいているからだと考えられる。アリストテレスのエンドクサの方法を一般的に言えば、漠然とした表示をいくつも集めて吟味し、それらによって表示されている断片的な諸々の事柄へ、再びしかも自覚的批判的に自らの眼を向けつつ、それらの断片的な事柄からみてとれる一つの対象を発見し、それを記述し直して、その明晰な定義的把握にいたると考えられているのではないだろうか。このことの実例として、『ニコマコス倫理学』のピリアー論において「愛には『自己』という要素が含まれている」ということを、エンドクサから出発して確立しようとする箇所(第九巻第四章)をみてみたい。

IV

『ニコマコス倫理学』第九巻第四章ではまず、「人々が、『愛する人(φίλος)』だとみなしている[22](τιθέασι)人」(一一六六a一~三)が列挙される。それは、

(1)善いもの、あるいは善いと思われるものを、相手のために願いそして為す人
(2)愛する人が存在し生きていてくれることを、その人のために願う人
(3)共に日を過ごす人
(4)好みが同じ人
(5)愛する人と共に苦しみ共に喜ぶ人

である[23]（一一六六a三〜一〇）。

みてのとおり、これらのエンドクサの字面そのものには、「自己」という言葉はふくまれていない。したがって、エンドクサの方法において、真かつ明晰な見解が得られるのは、文章化されたエンドクサの言葉を分析すること自体によってではないと考えることができる。では、どのようにしてなのだろうか。

アリストテレスが、エンドクサの列挙の次に行うのは、「よいひと（ἐπιεικής）」への言及である。すなわち、上記のエンドクサで述べられている諸々の規定のすべてが、「よいひと」に、つまり「自分自身への関係におけるよいひと」に、属していると指摘する（一一六六a一〇〜一一）。

すなわち、「よいひとは、自分自身と一致しており、同じものを魂全体で欲求する（つまり欲求が分裂していない）」（一一六六a一三〜一四）ので、まず(4)の条件を満たす。

また、「よいひとは、善いもの、あるいは善いと思われるものを、自分にそなわることを願い、そして為し」（一一六六a一四〜一五）、しかもそれは「自分自身のため[24]」（一一六六a一六〜一七）なので、(1)の条件を満たす。

さらに、よいひとは、「自分自身——とりわけ、思慮する部分（τοῦτο ᾧ φρονεῖ）——が生きていて保全されることを願う」（一一六六a一七〜一九）であるので、(2)の条件を満たす。

そして、よいひとは、自分自身と共に時を過ごす——よいことをなしたことを回想し、これからなされるよいことを希望し、よいことを観想する——ことを願う(一一六六a二三～二七)ので、(3)の条件を満たす。

さいごに、よいひとは、自分と共に苦しみ、自分と共に喜ぶ——苦痛の対象も喜びの対象もよいひとにとっては不変なので自分の予測通りの情念を甘受する、つまりよいひとは「決して後悔せぬ人(ἀμεταμέλητος)」である——(一一六六a二七～二九)ので、(5)の条件を満たす。

以上のように、「自分自身への関係におけるよいひと」には、「愛する人」の(1)～(5)のすべての条件がそなわっていることが示された。

そして、「よいひとがその愛する人に対する関係は——愛する人とは第二の自己(ἄλλος αὐτός)であるから——自分自身に対する関係と同じである」とされる(一一六六a三〇～三二)。

その上で、「自分自身への関係において愛があるか否かはおいておく[25]」としても、「自分が、二つあるいはそれ以上のものからなるかぎりで、自分自身に対する関係にも愛があると考えられよう」とされる(一一六六a三三～三五)。

こうして、「愛する人」の諸条件がすべて「自分自身への関係におけるよいひと」に属し、自分自身に対する関係も「愛」と呼ぶことができ、よいひとの自分自身に対する関係は、よいひとがその愛する人に対する関係(つまり普通の「他人への愛」)と同じであるから、「愛には『自己』という要素が含まれている」ということが、示されたわけである。

しかしそもそもアリストテレスはどのようにして「よいひと」をもちだすことができたのだろうか。それは、「なにごとについても基準となるのは、卓越性(ἀρετή)と卓越した人(σπουδαῖος)であるように思われる」(一一六六a一二～一三)からであるという。ここでもやはりエンドクサの方法に卓越性の方法が組み合わされているのが確認できて興味深いが、いま私が着目したいのは、エンドクサに含まれていなかった「よいひと」とは、単なる言葉ではなく、言葉から視線を向けかえられるべき事柄そのものであること、そして、エンドクサによって漠然と表示されている断片的な諸々の事柄を手がかりとして世界から発見されるべき一つの対象だということである。愛に含まれているとされる「自己」という要素は、エンドクサの中ではなく事柄そのものからアリストテレス自身の眼によって発見されたものであることを強調しておきたい。

V

以上の考察の結果を形而上学に当てはめてみるならば、次のようになろう。すなわち、神にかかわる厳密な意味の――すなわち大多数の人あるいは知者たちに思われている――エンドクサは、たとえ漠然とではあれ神を表示しており、その限りで真であると。そしてアリストテレスは、エンドクサの表示する断片的な真理を手がかりとしながら、事柄そのものに眼を向けつつ、神そのものを発見し、それを明断に理解しようとしていると考えられる。もちろん、それらのエンドクサは、明断でない限りで、同じ程度に真であるとは限らない。それゆえ、アリストテレスは、いくつかのエンドクサについて「どの程度までそしてどの点で真であるか[26]（ἐφ᾽ ὅσον … καὶ πῇ ἀληθεύουσιν）」を問題にすることがある。しかしその場合でも、エンドクサの真理性それ自体は否定されてはいない。すなわち、対象の表示自体は否定されていない。すると、厳密な意味のエンドクサは、明断でない限りで、「何であるか」を示しはしないものの、対象の存在を、或る意味で証明することにはなるのではないか。ただし、その「存在」というのが、どのような仕方の存在なのか――物質的なのか・運動するのか・離在するのか・等々――は、定義が把握されていない以上、まだ不明である。つまり、存在様式の不明な、漠然とした、ただ単に「存在する」としか言えないような、そういう「存在」である。しかし、そのような存在でしかないとしても、ともかく存在するということが、言葉（ロゴス）から事柄（プラーグマ）そのものへ眼を向けかえることがむなしい結果に終わらないことを保証するのである。アリストテレスの対応説的真理論は、このような形でエンドクサに基づく真理論と両立しているのではないだろうか。

（1） Barnes, p. 464.

（2） cf. Stewart, Vol. II, p. 139.

（3） Irwin, (3), pp. 487-488, n. 7.――なお、Irwin が直接に批判しているのは W. Wieland だが、近年アリストテレスのディアレクティケーにおける antirealism を強く主張しているのが M. Nussbaum であり、この Nussbaum に対しても J. D. Davidson, pp. 151-152 が Irwin と同様の批判をしている。

（4） Irwin, (3), p. 14.

（5） Irwin, (3), p. 14.

（6） Irwin, (3), pp. 16-17.

（7） Irwin, (3), p. 482.

（8） Irwin, (3), p. 175.

（9） Irwin, (3), p. 50. "selective attitude to appearences in dialectical argument", "systematically selective in its attitude to common beliefs".

（10） Irwin, (3), pp. 176-177.

（11） Irwin, (3), pp. 160, 166, 170.

（12） Irwin, (3), p. 170.

（13） Irwin, (3), p. 160.

（14） Irwin, (3), p. 477.――ちなみに Irwin は empirical ということと dialectical ということを厳しく対比させている。p. 38ff. を参照。

(15) Beriger, pp. 34-40.
(16) 1098b17に「哲学者たちによって同意されている昔からのドクサ」とある。これは『トピカ』におけるエンドクサの定義に一致する。
(17) *λεγόμενα* と *ἔνδοξα* は用語上区別されない。*φαινόμενα*, *δοκοῦντα* とも言い換えられる。
(18) 写本通り「*δεῖ*」と読む。OCTの「*ἀεί*」は採用しなかった。
(19) 同様のことは、***EE*** I 6, 1216b32-35「真ではあるが明断ではない諸々の見解から議論を進めることによって、混濁した仕方で言われることが常である諸々のことの代わりに(*ἀντί*を読む)より可知的なことをつねに取り入れていって、明断でもあることが生じる」; I 7, 1217a18-20「まず、最初の明断ではない諸々の見解から出発して、明断な見解へ向かって、幸福とは何であるかを発見することを求めて議論を進めよう」; VIII 3, 1249b6「それは真ではあるが明断ではない」とも言われている。
(20) その他には、「栄養のことについては医術の命じるようにする」(*EE* VIII 3, 1249b4-5)というものがある。同じことが*EN* VI 1でも言われており、さらに詳しい説明が加えられている。「真ではあるが明断ではないもの」(1138b26)とは、「たとえば、身体にどんなものを与えるべきかということは、『医術が命じる限りのものを、医術の心得のある人が命じる仕方でだ』と言われたとしても分からないように、それだけを知っていてもそれ以上のことは分からない」(1138b29-32)ものだという。それ以上のことが分かるためには、「何であるか」ということが規定されなければならない(1138b33-34)。
(21) 別の解釈としては次のようなものがある。すなわち、*ὁ κύκλος* とは、図形の円も意味するし、叙事詩の環(epic cycle)も意味するが、定義がそのどちらであるかを区別するとするものである。Ross, (2), pp. 457-8. しかしこの場合はまったくの同名異義であり、図形の円と叙事詩の物語群は何も似ていない。そうすると、一つの名称が、ともかくも一つの対象を表示しようとしている——成功していないとしても——のではなくなってしまう。
(22) すなわち、エンドクサ。
(23) 分け方(五つに分ける)は、Burnet, p. 409 に従う。
(24) よい人の場合には『自分自身』とは『思考する部分(*διανοητικόν*)』であり、これは各人がそれであると思われているものでもある。

(25) これは第九巻第八章で本格的に論じられる。

(26) *EN* IX 8, 1168b13.

第三部　アリストテレスにおける形而上学と倫理学の接点

——幸福成立における観想と実践の結合について——

形而上学（第一哲学）は「観想」（θεωρία）に、実践学は「実践」（πρᾶξις）に極まると考えられるが、人間の幸福（εὐδαιμονία）の成立において観想と実践が独特の関係を結ぶこと——したがって形而上学と倫理学が関係すること——が、ここでは示される。

理論学と実践学は学問としては全く異なっており、[1]その限りで第一哲学と倫理学は切り離されている。しかし、それらの学問の成果を人間は、幸福の成立において或る仕方で協同させるのであり、理論学と実践学の《分断》は困難を引き起こさないようになっているのではないか。

私の考えでは、事情は次のようになっている。すなわち、幸福を成立させるために実践は観想を必要とする。観想が何であるかは、観想の対象によって明らかになる。観想の対象は神であるが、神は倫理学によっては明らかにできず、第一哲学が明らかにするものである。倫理学はその中核である幸福論において第一哲学の成果を利用せざるをえない。その意味で第一哲学は倫理学に基礎をあたえている。——このような線で私は考えていきたいと思っているのである。

（1）*EN* VI 1, 1139a9.

第一章　従来の解釈の概観と主要テクストの提示

――J・L・アクリルとR・クロートの対立を中心に――

アリストテレスの幸福論に関しては、これまで実に多くの論文や研究書が出されてきた。しかし、私のみるところでは、結局、アクリルとクロート[1]以上のものは出なかった。この二人を中心に従来の解釈を振り返れば、見通しのよい概観が得られると思われる。

I

アクリルは、まず自分以前の解釈をまとめている。それは、ゴーチエ／ジョリフ、ハーディー[2]らのものである。彼らの説は、幸福成立における観想と実践の「目的手段説」と呼ぶことができる。というのは、アリストテレスは、一方で、『ニコマコス倫理学』第一〇巻においては、人間にとっての最善の生すなわち幸福は観想することであるとしている、そうだとすれば実践は観想を可能にするか或いは観想を促進する限りで必要になる――つまり観想が目的で実践はその手段である――としているにちがいない、このように彼らは解釈するからである。すなわち、幸福になるためには観想しなければならないが、観想は幸福と全く同一なので、幸福のために実践するとは観想のために実践するということになるわけである(この解釈は、観想だけを幸福だとするので、「排他的 exclusive 解釈」とも呼ばれる)。

しかし、彼らは、アリストテレスに目的手段説を帰することによって、アリストテレスは矛盾していると言わざるを得なくなっている。なぜなら、アリストテレスは、他方で、『ニコマコス倫理学』第一巻から第九巻まででは、実践は何かのための手段ではなくそれ自体で固有の価値を持つともしているからである。(3)

そこで、アクリルの戦略は、『ニコマコス倫理学』第一巻から第九巻までにおいて実践に固有の価値が認められていることの方を重視し、幸福と実践の関係を目的手段関係としないことである。(4) そうして、「幸福のために～する」と言う場合の「幸福」と「～する」の関係には、目的手段ではないような関係がありうることを示そうとする。そのために重視されるのが、『ニコマコス倫理学』第一巻第一章に登場する「諸活動の従属関係」である。

『ニコマコス倫理学』第一巻第一章では、まず、人間のあらゆる活動(技術・研究・実践・選択)によって目指されるもの――つまり人間の活動の目的――としての善という考えが提示される(一〇九四a一～三)。しかし、人間の活動の目的には、目的が活動そのものである場合と、目的が活動とは別の何らかの成果である場合があり、目的が活動とは別にある場合は――目的すなわち善であるから――活動よりも成果の方が善いとされている(一〇九四a三～六)。そして、それぞれの活動(技術)には固有の目的があること、しかし諸々の活動の間には、「ある活動の成果を別の活動が利用する」といった従属関係(5)(「～のために」(6)という関係)があって、この従属関係における上位の活動の目的は下位の活動の目的よりも望ましい――つまり善い――ことが述べられている(一〇九四a六～一六)。

以上のような文脈において、アクリルの重視する言葉が登場する。

・テクスト1

「しかるに、行いの目的が活動そのものであるか、活動以外の何か別のものである――ちょうど先程述べられた

知(技術)の場合のように——かは、(ここでは)何の違いもない」(一〇九四a一六〜一八)

ここで、「ちょうど先程述べられた」とされる「活動以外の何か別のものが目的である場合」(この活動を「キーネーシス(運動)型の活動」と呼んでおこう)の、活動の従属関係(「〜のために」という関係)は分かりやすい。アリストテレスがテクストで挙げている例の場合、馬具の制作術は馬術に、馬術は——戦場での迅速な移動といった成果を通じて——統師術に、更に、アリストテレスは述べていないが、統師術は戦争の勝利に、戦争の勝利は平和に従属するであろう。アクリルがこだわるのは、「それ自体が目的である諸活動の場合」(「エネルゲイア(現実態)型の活動」と呼ぼう)(7)の従属関係である。キーネーシス型の諸活動の従属関係が分かりやすいのは、上位の活動が自己の目的のために下位の活動の成果を手段として利用するから、すなわち目的手段関係にあるからである。しかし、エネルゲイア型の諸活動は、すべてそれ自体が目的なので、互いに目的手段関係に入ることができないはずなのである。それゆえアクリルは、このエネルゲイア型の諸活動の従属関係がどのようなものであるのかは結局のところ全く明らかではないのであり、この問題が研究者によってほとんど議論の対象にもされてこなかったのは不当であると考えるのである。(8)

このようにしてアクリルは、目的手段関係ではないエネルゲイア型の諸活動の従属関係(「〜のために」という関係)の発見を通じて、幸福と実践の関係(「幸福のために実践する」と言う場合の関係)を解明しようとする。「実践は、他のもののための手段的活動(キーネーシス型の活動)ではなく、固有の価値を持つ活動(エネルゲイア型の活動)だ」ということがアクリルの主張したいことだからである。

さてそこで、目的手段関係に代わる「〜のために」という関係として、アクリルの提出したのが「全体部分関係」

であった。アクリルはゴルフを例にして説明している。「ゴルフをするためにクラブを買う」というのが典型的な目的手段関係である。これに対して、「ゴルフをするためにパッティングする」というのが、全体部分関係である。なぜなら、ゴルフをすることには、ティーショットをすることとか、アプローチすることなどもあり、パッティングすることは、それらのプレイからなる全体としてのゴルフすることの部分だからである。[9] そして、ゴルフすることとパッティングすることは、「ゴルフをするためにパッティングする」と言えるにもかかわらず、目的手段関係ではない。なぜなら、パッティングすることはそれ自体ゴルフすることだからである。パッティングすることは、ゴルフをするという目的それ自体である。「よい休日を過ごすためにゴルフをする」でもよい。ゴルフをすることは、よい休日を過ごすことのすべてではないが、それ自体よい休日を過ごすことだからである。

　アクリルは、これが幸福と実践の関係だとする。幸福は部分からなる全体であり、実践はその部分である。幸福であることと実践することは、「幸福のために実践する」と言えるにもかかわらず、目的手段関係ではない。なぜなら、実践することはそれ自体幸福であることだからである。実践することは、幸福であるという目的それ自体である。そして一般に、幸福は、それ自体で価値を持つ（エネルゲイア型の）活動を包括したものである（それゆえ「包括的 inclusive 解釈」と呼ばれる）。これがアクリルの主張の骨子である。[10]

　次にアクリルは、自分の主張をテクスト的に基礎づける作業に移る。まず第一に、自説を示唆するとされるテクストが提示される。それは『ニコマコス倫理学』第一巻第七章で、幸福の特徴として「αὔταρκες（自足性 self-sufficiency あるいは自立性 independence）」が挙げられている箇所である。

・テクスト2

「自足的であると我々が考えるのは、それだけで(μονούμενον)生を望ましいもの、何も欠くところのないもの(μηδενὸς ἐνδεᾶ)にするものである。しかるに我々は幸福とはそのようなものであると思っている。さらに幸福は、それに何も数え入れられないままで、すべてのもののうちで最も望ましいもの(πάντων αἱρετωτάτην μὴ συναριθμουμένην)だと我々は思っている。もし数え入れられるのならば(συναριθμουμένην)、ほんの少しでも善いものがそれに数え入れられると、明らかにより善くなるであろう。なぜなら、数え入れられたものはそれだけ善いものの増加となり、善いもののより多い方が常により望ましいからである。それゆえ、明らかに幸福は、完全で自足的な何か(τέλειόν τι καὶ αὔταρκες)であり、行いにかかわる諸々のことがらの目的である」(一〇九七b一四～二一)

このテクストにおいて、幸福が、「何も欠くところのないもの」、「何も数え入れられない(つけ加えられない)もの」、つまりすべて揃っているという意味で「完全なもの」とされているようにみえることが、アクリルの全体部分説(包括的解釈)の根拠である。(11)

第二にアクリルが論じるのは、従来は解釈困難だとされてきたが、彼自身の説によるならば了解可能になるようなテクストである。それは『ニコマコス倫理学』第一巻第二章の冒頭部であり、同・第一巻第一章のテクスト1に直接続くものである。

・テクスト3

「それゆえ、もし(1)行いにかかわる諸々のことがらの何らかの目的（τι τέλος）がある――その目的というのは、それ自身のゆえに我々が願望しており、その他のものを願望するのはそれのゆえであるようなものである――ならば、(2)そして我々の願望するもののどれもこれもがそれ自身とは異なる別のもののゆえに願望されるというのではない――もしそうならば、目的系列が無限に遡行されることになり、欲求が空虚で無駄なものになってしまうだろう――ならば、明らかにそれは善であり最高善（τὸ ἄριστον）であろう。したがって、それを知ることは、まさに生にとって大きな重みをもつのではないだろうか。そして我々は、ちょうど射手のように、標的をもつことによって、然るべきものによりよく的中するのではないだろうか」（一〇九四a一八～二四）

このテクストの議論は、一般に fallacy だと思われている。というのは、「行いにかかわる諸々の個別のことがらに何らかの目的があるならば、それは最高善である」とされているが、この文の意味が、「『すべての行いは何らかの目的を目指している』という命題から、『すべての行いが目指しているところの一つの目的がある』という命題が出てくる」ということならば、それは誤りだからである。これは、クロートによれば[12]、「すべての人には父親がいるから、すべての人の父親がいる」としてしまうのと同じタイプの fallacy なのである。

この問題に対する従来の対処としてアクリルがとりあげるのはハーディーの説である。ハーディーは、この文の条件節(2)の「我々の願望するもののどれもこれもがそれ自身とは異なる別のもののゆえに願望されるというのではない」という部分がアリストテレスの主張の内実だと考えるようである。すなわち、アリストテレスがここで言いたいのは、「願望されはするがそれ自身のゆえに願望されるのではないものどもがあるとすれば、それ自身の故に願望される何らかの対象がなければならない」ということだけなのである。この対象がただ一つしかないということはアリストテレスにとっても仮定であり、だからこそ、この唯一の対象の知が我々の生にとって重要であり役立つと言うことは、疑問文の形でひかえめに述べられている――このようにハーディーは考える。[13]

ハーディーは、条件節(2)が(1)の言い換えにすぎないかのように、また、結論も仮定にすぎないかのように述べている。これをアクリルは以下のように批判する。――このテクストの構造は、「if p and not q, then r」であり、しかもここではqとpは二者択一になっている。この場合、not-q(条件節(2))の証明が、p(条件節(1))の証明になるであろう。実際、アリストテレスは、「もしそうならば、目的系列が無限に遡行されることになり、欲求が空虚で無駄なものになってしまうだろう」で条件節(2)の証明をしている。このようにして条件節(1)の証明が意図されている。そして結論も単なる仮定ではなく、「大きな重みをもつのではないだろうか」「よりよく的中するのではないだろうか」という疑問文も、「重みをもつ」「よりよく的中する」という断言と同じである。以上から、ハーディーの対処は退けられるのである。[14]

そこで、アクリルは自分の全体部分説(包括説)をもってくる。すなわち、「行いにかかわる諸々の個別のことがらに何らかの目的があるならば、それは最高善である」という言葉では単に「何らかの目的」としか言われてないので、ただ一つの排他的な目的の存在が主張されているととる必要はない。そうではなく、それ自体のゆえに願望されるいくつかの目的がある場合には、それらを一つにまとめた複合的な目的が、最も善い目的だという主張なのである。そして、『ニコマコス倫理学』第一巻第二章の中でこの説を支持する箇所としては、一〇九四a二六以下で、この最高善を知ることは、最も力があり最も棟梁的な知すなわち政治術に属し、

・テクスト4

「政治術の目的は他の知の諸目的を包括するであろう。
（τὸ ταύτης（πολιτικῆς）τέλος περιέχοι ἂν τὰ τῶν ἄλλων）」（一〇九四b六）

と言われていることをあげることができる。――このようにアクリルは主張するのである。

第三にアクリルは、自分の説に不利なテクストに対処する。それは、『ニコマコス倫理学』第一巻第七章で、人間に固有の「働き」（ἔργου）から人間的な幸福を導出しようとする、いわゆる「エルゴン・アーギュメント」の結論部分である。

・テクスト5

「人間的な善（幸福）とは、徳に即した魂の活動であり、また、もし徳がいくつもあるならば、最も善く最も完全な徳に即した魂の活動だということになる」（一〇九八a一六～一八）

このテクストは、魂の活動がそれに即すところの徳が複数ある場合には、それらの内のただ一つの最高の徳に排他的に即すと言っているように見える。そうであれば、明らかにアクリルの包括説に不利である。しかも、ここで「最も善く最も完全な徳」とは、通常、観想を行うための徳・ソピアー（知恵）だと解されている。とすれば、この文は、幸福とは観想することだと言っていることになって、実践すること自体も幸福であるとするアクリルに不利なのである。

これに対してまずアクリルは、この結論に先立つ議論には、「他の諸々の徳を除外してソピアーだけに排他的に即す」ということを正当化するものが全然ないと言う。「エルゴン・アーギュメント」(特に一〇九七b三三以下)においてアリストテレスは、人間の固有の働きを確定するために、植物や動物と共通する働き(栄養摂取・成長・感覚)を除外していく手法をとる。すると、魂の「ロゴスをもつ部分」の働きが残るので、これが人間に固有の働きであるとしている。しかし、単に「魂の『ロゴスをもつ部分』」というだけでは、実践にかかわる知性的徳であるプロネーシス(思慮)も観想にかかわる知性的徳であるソピアーも両方含むのである。だから、エルゴン・アーギュメントの唯一適切な結論は、「もし徳(知性的徳)がいくつもあるならば、それらのすべて(実践にかかわるものも観想にかかわるものも)の徳に即した魂の活動が人間的な善(幸福)だ」である。そこで、アクリルは、テクスト5でもやはり包括的解釈がつらぬかれているとみて、「最も完全な徳」とは、「すべての徳をそろえてもっているトータルな徳」のことだと解釈するのである。(16)

このようにしてアクリルは、『ニコマコス倫理学』第一巻から第九巻で実践が観想という幸福のための手段とはされていないこと、幸福と実践の関係は全体部分関係であることを示そうとした。最後に彼は、『ニコマコス倫理学』第一〇巻の問題に戻るが、アリストテレスには「実践が観想を促進する」という考えがみられないということを確認しているだけで、結局アリストテレスは実践と観想の関係(すなわち第一巻から第九巻と第一〇巻の関係)を調停することはできなかったとしているようである。(17)

以上のアクリルの論文が引き金になって、アリストテレスの幸福論の研究が活発に発表されるようになった。常識的に認めやすく(それゆえ非常に強力であった)目的手段説に激しくゆさぶりをかけたので、「別の解釈も可能かもしれない」と研究者たちに思わせたのである。この点はアクリルの大きな功績である。しかし彼の論文が全面的に賛成されるということはほとんどなかったのである。

したがって、大抵の研究者が何らかの形でアクリルを批判している。が、最も包括的な批判を行っているのはクロートであって、彼の解釈にアクリル以後の論争が集約されていると私は考える。

II

クロートは、まず、アクリルの全体部分説には説明力がないと批判する。すなわちアクリルのいう「全体」とは、単なる寄せ集めのようにみえる。幸福を構成するものどもは、幸福に含まれるために互いに関係を持つ必要がないようである。もし全体を構成する内的原理がないのであれば、何かがより大きい全体「のために」欲せられるという言明には説明力はない。その「～のために」という言葉は無意味だ。――このようにクロートは言う[18]。また、「AがBのためである時、AはBの部分である」などとアリストテレスは決して言わないとクロートは指摘する[19]。

次にクロートは、アクリルが論じたテクストをひとつひとつ吟味していく。最初に取り上げるのは、アクリルの説の出発点になったテクスト1である。クロートは、「エネルゲイア型の諸活動は、すべてそれ自体が目的なので、互いに目的手段関係に入ることができないはずだ」というアクリルの想定はまちがっているとする。テクストで「行いの目的が活動そのものである」と言われているのは、その活動の「善さ或いは価値が」その成果に「依存しない」という意味であって、「成果をもたない」という意味ではない。『ニコマコス倫理学』第一〇巻第七章(一一七七b二~四)でも「実践的諸活動からは、実践そのもの以外に、多かれ少なかれ得るものがある」と言われているように、実践は、成果をもつ典型的活動である。それゆえ、それ自体が目的である諸活動も目的手段関係に入ることができるのであり、アクリルがテクスト1について立てた「難問」は疑似問題にすぎなかったのだとクロートは言う。[20]

ではテクスト2はどうだろうか。アクリルは、「何も欠くところのない」という言葉を、「すべて揃っている」という意味にとるのだった。しかし、クロートは、アクリルの解釈が『ニコマコス倫理学』第一〇巻第七章の次の言葉と矛盾していると批判する。[21] すなわち、同・第一〇巻第七章の「既に述べられた自足性は観想的活動の場合に最大であるだろう」(一一七七a二七~二八)の「既に述べられた」という言葉を『ニコマコス倫理学』第一巻への言及ととるなら、[22] 同・第一巻のテクスト2も、包括的に「すべて揃った」という意味ではなく、観想だけでも自足的だといわれているように排他的に解するべきだというのである。つまりクロートは「何も欠くところのない」を、「生をより望ましいものにしうるであろうようなものを欠いていない」ということだとする。[23] 最高に価値のある活動をしていれば、それが最高である以上、それだけで生を最も望ましいものにする。最高のものより価値の劣る活動をするとしても、すでに最高の活動をしているとすれば、最高のものより以上に生を望ましくすることはありえない。このクロートの解釈によれば、価値の劣った活動が欠けているとしても、最高の活動がありさえすれば、「何も欠くところがない」と言われうるのである。

しかし、『ニコマコス倫理学』第一巻の自足性の概念を『ニコマコス倫理学』第一〇巻のそれのように排他的に解するという立場には不利な箇所が存在する。それは、テクスト2の直前にある次のようなテクストである。

・テクスト6

「自足的と我々が言うのは、自分一人にとって、単独の生を営む者にとってではなく、親・子・妻、また総じて友人たちや同市民にとってのことである。なぜなら、人間は本性上ポリス的なものだからである」(『ニコマコス倫理学』第一巻第七章一〇九七b八~一一)

ところが、先に引用された「既に述べられた自足性は観想的活動の場合に最大であるだろう」という言葉があらわれる『ニコマコス倫理学』第一〇巻第七章の箇所によれば、「正しい人は、正しいことをなす相手や、一緒に正しいことをする仲間が必要である」のに対して、観想する人はこのような相手や仲間が必要ではなく、「一人であっても観想することができる」(一一七七a三〇~三三)。つまり、観想だけで成り立つ自足性とは、まさに『ニコマコス倫理学』第一巻のテクスト6で否定されていた「自分一人にとっての」自足性であるようなのである。

この問題に対してクロートは、テクスト6は、「自足性を実現した人は孤立した生活を送ることになる」といったような誤った想定をしないようにと警告しているのだと言っている。[24]

次に、解釈困難だとされてきたテクスト3についてはどうだろうか。クロートの言うところによれば、アリストテレスはこのテクストで、唯一の究極目的が存在するということを主張しているのではない。「そういうものが存在するとすれば、それが善であろう」と言っているにすぎないのである。この仮定はこれ以降で確立されるべきものなのである。[25] そしてクロートは、アクリルが自説の補強としてもちだすテクスト4にも対処する。このテクストのキーワードは、「包括する」と訳された「περιέχειν」であるが、どういうつもりでこの言葉をアリストテレスは使ったのかということが文脈に即して明らかにされねばならない。すると、この言葉が使用される前に、一〇九四a二八～b二で、「ポリスにおいては諸々の知識のうちで何が必要か、また各々の人がどんな知識をどの程度まで学ぶのかということを、政治術が規制する」と言われていたことが注目される。テクスト4は、このような議論をうけたものであるから、「政治術の目的は他の知の諸目的を包括する」とは、「政治術の目的は他の知の諸目的の追求を規制する」「どの程度追求するかということに制限を設ける」という意味のメタファーであろう。だから、「包括する」という言葉を文字どおりにとる必要はない――このようにクロートは解する。[26]

最後に、アクリルにとって不利であったテクスト5は、クロートにとっては有利なテクストになる。なぜなら、クロートは、「最も善く最も完全な徳」を、従来の解釈と同様に、観想をするための徳であるソピアーだとして、アクリルが退けた排他的解釈を或る意味で[27]擁護しようとしているからである。そして、アクリルが「エルゴン・アーギュメントはそのようなことを正当化しない」と言ったことに対しては、これを認めるが、エルゴン・アーギュメントを含む『ニコマコス倫理学』第一巻第七章は、最終的決定的な考察ではなく、後に同・第一〇巻でもっと正確にされる説の近似であるから、完全に正当化できていなくてもかまわないとした。[28]

それではクロートは観想と実践の関係をどうとらえるのだろうか。これもアクリルが退けた目的手段説である。性格上の欠陥は哲学的な生の妨害となるので、それを防ぐために実践的徳が必要であり、このような意味で実践は観想を促進するのであるとクロートは主張する。[29] しかし、すでにアクリルが指摘しているように、このようなことをアリストテレスは直接にはどこにも述べていない。このような批判を予想して、クロートは、どこにも述べられていないということは、アリストテレスの講義の聴講者に対してはわざわざ説明する必要もないほど自明なことだったのだとしている。[30]

しかし、クロートの説は古い解釈の単なる焼き直しではない。次のようなテクストについての彼の解釈が、彼独自の説の出発点である。

・テクスト7

「各々のものに固有なものは、各々のものにとって本性的に最善のものであり最も快いものである。それで、人間にとっては、ヌースに従った生がそのようなものである。いやしくもその部分が何にもまして人間なのであってみれば。[31] してみると、その生が最も幸福な生なのである。しかし、それとは別の徳（実践にかかわる徳）に従った生は、δευτέρως に幸福な生である」（『ニコマコス倫理学』第一〇巻第七章一一七八a五～第八章一一七八a九）

このテクストの「実践にかかわる徳に従った生は δευτέρως に幸福な生である」という文の「δευτέρως に幸福」という言葉は、ふつうは多かれ少なかれ否定的なニュアンスでうけとられて、「副次的にしか幸福でない」と解されて

いる。(32)

しかし、クロートはもっと肯定的に積極的に解そうとする。すなわち、言わば「二番目に幸福である」、「次善の(second-bestな)幸福である」というように解する。実践は観想のための手段になりうるのであるが、それがすべてではなく、それ自体としても価値を持っているのであって、全く観想をしていなくても実践さえしていれば、たとえ最高に幸福でなくても、ともかく幸福ではある。すなわち、二番目に幸福であり、次善の幸福である。クロートは、この言葉を、実践が観想から独立して幸福であることを述べているものとして解するのである。(33) これが従来の排他説と大きく異なる点である。しかし、観想がそれだけで最高の幸福を構成すると考える点は同じであり、この点で包括説とは異なっている。それでいて、包括説の出発点となった「実践に自体的な価値を認める」というモチーフを生かせてもいるのである。

このようにクロートは、観想していなくてもそれがただちに幸福でないことにはならないという立場をとる。しかしこのような解釈にとって不利になるテクストが存在する。これに対処することでクロートの説はいっそう独特なものになっている。

・テクスト8

「……神の活動は、観想的なものであろう。だから、人間の諸活動の内でも、この活動に最も類縁の活動が、最も幸福な活動ということになる。また、この結論の証拠としては、人間以外の動物が幸福に与らないのはそのような活動を全く欠いているからだということも挙げることができる。というのは、神々にとってはその生の全体が至福であり、人間にとっては、神々の前述の活動との何らかの類似が成立している限りで、生は至福なのである。しかし、人間以外の動物は、観想に全く与っていないので、幸福ではない。だから、観想が及ぶ範囲に幸福も及ぶのであり、観想活動が成立すればするほど、幸福であるということもまたそれだけ成立する。これは、付帯的なことではなく、観想(自体)に即して成り立っている。というのは、観想は、それ自体に即して、尊ばれるべきものであるから。以上からして、幸福は、ある種の観想だということになろう」(『ニコマコス倫理学』第一〇巻第八章一一七八b二一～三二)

このテクストでは、観想していなければただちに幸福ではないかのように語られている(「観想に全く与っていないので、幸福ではない」)。とくに、「観想が及ぶ範囲に幸福も及ぶ」という言葉は、観想していなければ幸福は成立していないということを強く示唆している。これは、「観想していなくてもそれがただちに幸福でないことにはならない」という立場には明らかに不利である。(34) ではクロートはどうするのか。別のテクストをこれにぶつけるのである。

・テクスト9

「我々は政治術の目的を最高善(幸福)であるとしたが、政治術は、市民たちが一定の性質の人に、すなわち善い人で立派な行為を実践する人になるようにと最大限に配慮するものである。だから、我々が牛も馬も他の動物のどれも幸福なものだと言わないのは当然である。というのは、それらの動物はどれも先に述べたような(実践的)活動に与ることができないからである」(『ニコマコス倫理学』第一巻第九章一〇九九b二九～一一〇〇a一)

このテクストでは、実践していなければただちに幸福ではないかのように語られている。これはいったいどういうことなのだろうか。しかも、同じ「動物」について言われているのである。――この問題を通じて、クロートは、テクスト8の問題を考えていこうとする。

テクスト8と9の整合性の問題に対するクロートの戦略は、幸福の基準としての観想と実践を全く別のものとみるのではなく、もっと基本的な共通の基準を見つけることによって、両者を程度の差にしてしまうことである(35)。つまり、動物はその共通の基準をそもそも欠いているので観想にも実践にも与ってないことになると解するのである。その共通の基準とは、テクスト8の冒頭で示唆されている「神の活動に似ているかどうか」ということである。神の活動は観想的なものであるが、人間の行う観想は神の活動に最も似ている。しかし、実践も、「人間にとっての究極の目的は何か」「最善の活動は何か」ということを考察しなければならない。実践におけるこの考察は、ともかく知性的活動ではあるので、その点で、観想より低い程度ではあるが、観想の次に神の活動に似ているといえる。だから、動物が幸福でない理由として観想の欠如が挙げられたり実践の欠如が挙げられたりしているが、それによってアリストテレスが言いたかったのは、動物にはそもそも知性的活動をする能力がなく、神にほとんど似ていないということだったのである(36)。

このように、幸福であることの基準を「神の活動との類似」に求めることによって、クロートは、実践が観想から独立して幸福を成立させうることの根拠を得る。それは、実践しようと観想しようと、どちらも「神の活動との類似」であることにかわりはないからである。それゆえ、観想と実践の関係についてのクロートの説は、目的手段説ではなく、「同一基準説」と呼ぶべきであろう。

IV

以上は、議論の焦点となってきた主要テクストを提示することに眼目があったので、つぎに従来の説を簡単に類型別にまとめなおしておくのがよいであろう。

まずアクリルが目的手段説を批判して全体部分説を唱えたのであった。アクリルの説のモチーフは、実践の自体的な価値を確保したいということであった。また、この全体部分説の弱点は、テクスト上の証拠がなく、説明力もないのであった。

さて前二節では触れなかったが、実はアクリルの全体部分説には、もう一つの、あまりテクストに即したものではない——それゆえに触れなかったのだが——モチーフがあった。それは、「観想(テオーリアー)」中心の排他説では、倫理に反するような「研究(テオーリアー)」でもしてもよい(研究している本人には研究すること自体が幸福だから)ということになるのではないかという懸念である。(37) これはまた、観想と実践の葛藤という形で比較的よく論じられた。A・W・H・アドキンス以来(38)よく用いられるようになった例で説明すると、研究中に隣の家が火事になったら、当然研究を中止して助けにいくべきであるが、排他説に従うと、観想を中断することは自分が不幸になることであるから、人間は幸福を追求するものである以上、助けにいけなくなってしまうのではないかというのである。(そんなこっけいなことがおこるのかということはひとまずおいておく。)

このような事態を避けるためにもアクリルは全体部分説をとって、観想を中断して実践をすることも幸福なのだとしたが、先にも述べたように、この説にはテクスト上の解釈がないということをはじめとして様々な困難があるのであった。そこで、J・M・クーパーやD・キートが、いわば「権利義務説」とも言うべき説を唱えた。これは、最低限の倫理的義務を果たした後ではじめて観想することが許されるとするものである。[39]この権利義務説は、常識的に一般に認められうる立場であるといえるが、これもまたテクスト上の根拠に乏しかったのである。

クロートが、目的手段説を練り直して、独自の同一基準説を提出したのには、全体部分説への批判も大きかったが、権利義務説にも対処するという意義があった。クロートは、全体部分説には説明力がなく、かえってアクリルが退けた目的手段説の方が有効であると考えた。しかしまた、「実践の自体的な価値を確保したい」という全体部分説や権利義務説の主要なモチーフも生かすべきだと考えた。そこで、実践は目的手段関係にも入りうるし、独立した自体的価値も持つとし、独立した価値を持つ根拠として同一基準説を出したのである。

しかし、この同一基準説にもテクスト上の証拠が乏しかったのである。そのことを指摘された[40]クロートは、『ニコマコス倫理学』第一〇巻第七章・第八章で観想が最高に善いものであるとされており、他方で実践が非常に善いものであるという見解が放棄されていないならば、実践は観想を促進するという想定をアリストテレスに帰するしか我々には選択の余地がないのだとした。[41]これは論理的にそうとしか考えられないということで、クロート自身がテクスト上の証拠のなさを認めるような格好になってしまっている。

さて、以上の類型別のまとめから次の二つのことが課題であることが分かるだろう。まず第一に、テクスト上の証拠のある説を出すこと。これは当然のことなのだが、その当然なことができていなかった。しかし、そうであった原因は、解釈者にあるというよりは、テクスト上の証拠が非常に見つけにくいということにあったと思われる。拙論は、テクスト上の証拠をはっきりと示し、その分析を通じて自説を提出する。第二に、アリストテレス自身の観想概念を明らかにすることである。全体部分説にしろ権利義務説にしろ、「実践と観想の対立・葛藤」という問題が発生すると想定されるのは、観想を何か書斎での研究活動としてとらえているからではないだろうか。このような観想把握に問題があるのではないだろうか。拙論は、アリストテレスの観想概念を明確にする。しかし、この点は後でもう一度とりあげることにして、次に、主要テクストの解釈に関して予備的に批評しておきたい。

まず、テクスト１（諸活動の従属関係）については、クロートの批判が正しいと思われる。アリストテレスがテクスト１で、活動そのものが目的である場合については簡単にしか触れていないのは、当然それが、活動以外の成果が目的である場合に準じて容易に理解できるはずだと想定しているからではないだろうか。

次に、テクスト２（『ニコマコス倫理学』第一巻第七章における幸福の条件としての自足性）の「何も欠くところのないもの（μηδενὸς ἐνδεᾶ）」という言葉の解釈もクロートが妥当だと思われる。テクスト２の末尾で幸福は「完全で自足的な何か（τέλειόν τι καὶ αὔταρκες）」であるとされているが、完全性と無欠性の関係についてアリストテレスは、「後から生じてきて、その形相を完成させるであろう（τελειώσει）ようなものが何も欠けていない[42]（ἐνδεὴς οὐδενός）」と述べており、これに従えば、テクスト２の「何も欠くところがない」とは、幸福の形相を完成させるようなものを欠いていないという意味になると考えられるからである[43]。

しかし、テクスト２を『ニコマコス倫理学』第一〇巻第七章に引きつけてクロートのように排他的に読んだ場合、同・第一巻第七章からテクスト６（自足性の包括的規定）をもってくると、第一巻と第一〇巻の自足性概念の大きな違いが浮かび上がってくるわけだが、これについてのクロートの対処は、もっともな点もあるものの、かなり弱いと思われる。というのは、テクスト6を、第一〇巻の自足性概念の補足としてしかとっていないからである。テクスト6はもっと重い意味があるのではないだろうか。

「自足性の概念が『ニコマコス倫理学』第一巻と第一〇巻とでひどく異なるように見える（第一巻では包括的で、第一〇巻では排他的であるように見える）」ということはアリストテレスの幸福論にとって深刻な問題を提示していると受け取られているので、慎重な検討が必要だと思われる。たとえば、J・モリーンなどは、第一巻と第一〇巻が全く相いれず、しかも第一〇巻の方がとても受け入れがたい極端な説を提示しているから、第一〇巻の幸福論は本気のものではなくアイロニーだとしたほどである。(44) モリーンの説は支持されていないが、このような説が出るほど、第一巻と第一〇巻は両立させにくいと一般に思われており、本章第I節で触れたようにアクリルもまた第一〇巻を扱いあぐねていたのである。

私は、この問題を解くためには、「自足性の拡大」という考えをアリストテレスが持っていたと想定しなければならないと主張したい。つまり、『ニコマコス倫理学』第一〇巻の、観想によって成立する個人の知性的な自足性を基礎とし、ここから出発して、同・第一巻の、ポリス的動物という人間の本性に基づく家族的・ポリス的な自足性に拡大していく、というようにである。

自足性の拡大ということ自体は、アリストテレスの『政治学』にかなりはっきり認められる。アリストテレスは『政治学』第一巻第二章において、人間の共同体の生成を、男と女および主人と奴隷→家→村→国という順序で説明するが、「完成された共同体である国」は「言わば自足性の限界に達している」（一二五二b二八～二九）と言い、(45)「自足性が終極目的であり最善のものなのである」（一二五三a一）としている。つまり、共同体の拡大は自足性の拡大とみられており、自足性の拡大が善いことだとされているのである。

問題は、人間の知性的本性とポリス的本性との関係である。私の立場では、知性的本性がポリス的本性を基礎づけていることになるが、この点はどうなのだろうか。次のテクストをみていただきたい。

「さて、人間が、すべての蜂やすべての群居動物よりもいっそうポリス的動物であるということは[46]、明らかである。というのは、我々が主張するように、自然は何も無駄なことをしないが、動物のうちでただ人間だけがロゴスを持っているからである。確かに声ならば、快や苦を示す印であり、それゆえ他の動物にも備わっている――実際、他の動物の自然本性は、そのくらいには、すなわち快や苦の知覚を持ちそれらを互いに示しあうくらいにはなっている――が、しかしロゴスは有益なものや有害なもの、それゆえ正しいことや不正なことをも明らかにするためにある。というのは、そのこと、すなわち、人間だけが善悪や正・不正などの知覚を持つということが、他の動物に比べて人間に固有だからである。しかるに、善悪や正・不正などの知覚を持つ人々の共同体[47]が、家やポリスを成り立たせているのである」(『政治学』第一巻第二章一二五三a七〜一八)

このテクストには人間の本性的規定と考えられるものが二つ登場する。すなわち(1)「ポリス的動物」(ζῷον πολιτικόν)と(2)「ロゴスを持つ動物」(ζῷον λόγον ἔχον)である。しかし、「ポリス的動物」という規定それ自体は「蜂や群居動物」も持っているものである(人間の方が程度が高く本来的ではあろうが)。それに対して、「ロゴスを持つ動物」という規定は人間しか持たない。この「ロゴス」が問題である。

動物がポリス的であるのは、「声」を持ち、それによって快や苦を互いに示しあうことによってである。声による相互交流が動物のポリス性を形作っている。しかし、人間は「ロゴス」も持っている。ここでの「ロゴス」は、動物の持つ「声」との対比で、通常は、「言葉」と訳されているが、それでは狭すぎるように思われる。なぜなら、「ロゴス」は、「正・不正を明らかにするためのもの」と説明されており、そのような「ロゴス」を持つことは、「正・不正の知覚を持つこと」とされているからである。「正・不正の知覚」は、「快・苦の知覚」といった生理学的事象とは異なるから、個別的状況に応じた正・不正を判定する知性的能力、すなわちプロネーシスではないだろうか[48]。それゆえ、「ロゴス」も、「言葉」というよりは、アリストテレスが『ニコマコス倫理学』で「πρᾶξις μετὰ λόγου」(同・第一巻第六章一〇九八a一四)と言う場合の「ロゴス」(魂の能力として現実に人間において働いている「理」)なのではないだろうか[49]。そしてそのようなロゴスを持たない人々は、ポリスをつくることができないとされているわけである。

以上から、人間の知性的本性がポリス的本性を基礎づけていると結論できるであろう。もちろん、ここで「ロゴス」と言われているものは、観想の徳であるソピアーも実践の徳であるプロネーシスも含んだ広い意味での知性的能力と考えられるから、「(とりわけて)観想によって成立する自足性が基礎になる」という私のテシスを完全に立証するにはいたっていない。そのためには、ロゴス的・知性的能力を構成するソピアーとプロネーシスの関係を更に解明しなければならない。もしソピアーの働き(すなわち観想)がプロネーシスの働きにとって何らかの仕方で基準になるようなものであることが解明されれば、私のテシスは立証されたことになろう。それが以下でおこなわれる考察の課題である。

さて、拡大という観点は、テクスト2をみるときにも有効である。テクスト2の「さらに幸福は、何も数え入れられない(つけ加えられない)ままで、すべてのもののうちで最も望ましいもの(πάντων αἱρετωτάτην μὴ συναριθμουμένην)だと我々は思っている。もし数え入れられる(つけ加えられる)のならば(συναριθμουμένην)、ほんの少しでも善いものがつけ加わると、明らかに、より善くなるであろう」という箇所をみてみよう。この文の「μὴ συναριθμουμένην」や「συναριθμουμένην」は、文法的には、全く正反対に、包括的にも排他的にも訳せる。すなわち、「つけ加えられないままで」は、「(すべて包括して持っており)つけ加えることができないので」とも、「つけ加えないとしても(排他的にただそれだけでも)」とも訳せる。また、「もしつけ加えられるのならば」は、「(包括して持っているからつけ加えることなど現実にはあり得ないのだが)つけ加えられると仮にしてみると」とも、「(まだもっていないものが現実に)つけ加えられたならば」とも訳せる。これらは、文法的にはどちらとも決めることができない[50]。

私の場合は、「幸福は、他に何もつけ加えないとしても(排他的にただそれだけでも)最も望ましい」とし、これは幸福の形相の話をしていると取ることになる。また、「数え入れ(つけ加え)」の話題に拡大のモチーフを読みとるので、「(まだもっていないものが現実に)つけ加えられたならば、ほんの少しでも善いものがつけ加わると、明らかに、より善くなるであろう」とすることになるが、これは、形相の話ではなく、「善いもの」、すなわち外的善(「善いもの」は原文では複数形になっていることに注意)の話をしているとみることになる[51]。従来、「最も望ましい」ものが「より善く」なるのはおかしいのではないかという議論があったが、形相のレベルの話と外的善のレベルの話は異なるので、おかしくはないのである。特にアリストテレスは、活動だけで成り立つ「幸福」の上に、活動プラス外的善で成り立つ「至福(μακαριότης)」を置くことがあるので[52]、これは外的善の付け加わりが積極的に評価されている証拠とすることができるだろう。

テクスト4(政治術の包括的目的)も、この「拡大」という視点をもてば、クロートのように無理をする必要もなく、そのままにうけとることができるようになるであろう。

また、テクスト3(『ニコマコス倫理学』第一巻第二章の fallacy 問題)についてはクロートの解釈が妥当だと考える。

さて、テクスト5(エルゴン・アーギュメントの結論は観想の徳も実践の徳も含む)、テクスト7(実践の δευτέρως な幸福)、テクスト8・9(幸福でない理由として観想が挙げられたり実践が挙げられたりする)は、観想と実践の関係の問題に直結しており、この問題が解決されたときにしかこれらのテクストについての判断は下すことができないと思われる。しかし、ごく簡単にコメントしておくとすれば、テクスト5についてはクロートの解釈でよいと思われる。しかしそうであっても、観想の徳と実践の徳の関係を明らかにする必要があろう。また、テクスト7については、率直に言って、私はクロートの解釈を疑問に思う。やはり、この場合の「δευτέρως に幸福」とは、「本来的には幸福とは言えないもの」とか、「別の根本的なものに依存している幸福」というニュアンスを持っているのではないだろうか。[53] テクスト8・9にいたっては、クロートの解釈はいっそう疑問である。動物が実践的活動に与ることができないのは、クロートとは別の理由があるのであって、その別の理由とは、動物が観想できないことだとは考えられないだろうか。こうすれば、無理に、実践と観想の共通の基準を求めなくてもよいことになる。しかし、このことを積極的に主張するためには、観想そのものを明らかにしなければならないのである。

(1) Ackrill, (1); Kraut, (1).

(2) Gauthier/Jolif; Hardie, (1)(2).

(3) Ackrill, (1), pp. 15-16.

(4) Ackrill, (1), pp. 16-17. つまり結局は、『ニコマコス倫理学』第一巻から第九巻と第一〇巻の間に調停不可能な溝をみているということなのである。pp. 30-33 をみよ。

(5) ギリシア語では「ὑπό」(1094a10, 12, 15)、英語では「subordination」。

(6) *χάριν*, 1094a15.

(7) ただし、諸家が注意しているように、*EN* I 1では、テクニカル・タームとしてキーネーシスとエネルゲイアが区別されているわけではない。

(8) Ackrill, (1), pp. 18-19.

(9) Ackrill, (1), p. 19.

(10) ibid. では、観想はどうなるのかといえば、価値的に最高ではあるとしても、幸福を構成する一要素ということになろう。そして実践は、観想より低い位置を与えられているとしても、けっして観想に従属するのではないということになろう。

(11) Ackrill, (1), p. 21.

(12) Kraut, (1), p. 216.

(13) Ackrill, (1), p. 25; Hardie, (1), p. 297.

(14) Ackrill, (1), pp. 25-26.

(15) Ackrill, (1), p. 26.

(16) Ackrill, (1), pp. 27-28.

(17) Ackrill, (1), pp. 30-33.

(18) Kraut, (1), p. 212.――なお、Ackrill 自身も、このような疑問が提出されることを予想しているが、重大な問題にはならないと考えているようである。Ackrill, (1), p. 22. cf. Kraut, (1), p. 213, n. 11.

(19) Kraut, (1), p. 213.

(20) Kraut, (1), pp. 215-216.

(21) Kraut, (1), pp. 295, 298.

(22) Eriksen, p. 100 も Kraut と同じ解釈をしている。――もっとも、原文の「λεγομένη」は、Kraut らのように「既に述べられた」ではなく、単に「いわゆる」と訳してすませることも可能である。

(23) Kraut, (1), p. 296.

(24) Kraut, (1), pp. 229-230, n. 28; p. 273, n. 8; p. 295, n. 24.

(25) Kraut, (1), pp. 205, 217-220.

(26) Kraut, (1), pp. 220-225. また、Reeve, p. 112 も同じような解釈をしている。

(27) 「或る意味で」というのは、Kraut は、包括的解釈を退けるのであるが、Ackrill 以前の古いタイプの排他的解釈をそのまま唱えるのでもないからである。これについては後で述べる。

(28) Kraut, (1), pp. 197-200.

(29) Kraut, (1), pp. 178-182, 215.

(30) Kraut, (1), p. 195. また、Curzer, (2), p. 62 も、Kraut と同様の論法をとる。

(31) *EN* X 7, 1178a2-3 の「いやしくもその部分(ヌース)が(我々人間における)支配的なものでありより善きものであってみれば、各人はその部分であるとさえ考えられよう」という言葉を参照。

(32) たとえば Rackham, (1) では、「The life of moral virtue, on the other hand, is happy *only* in a secondary degree.」と訳されている(強調は筆者)。

(33) Kraut, (1), pp. 5, 9, 16, 25, 45, 49. なお、実践は、観想とは無関係に一種の幸福だとする説自体は、すでに R. Heinaman によっても主張されていた。Heinaman, p. 35.

(34) 実はこのテクストについては、Kraut にとって都合のよい読み方をする研究者が既にいた。それは D. Keyt で、動物の例が述べられている箇所では、ただ「幸福」としか言われていないところでもすべて「完全な」を補なって「完全な幸福」と読むべきであるというのである。しかし Kraut は、そのようには読めないとして、彼にとって魅力的なこの読みを退けた。Kraut, (1), pp. 54-56 ; cf. Keyt, (1), p. 382.

(35) 観想と実践が全く異なっており通約不可能で、両者に共通の基準がないのであれば、「観想が実践よりも望ましく価値がある」といった比較はできないはずだ——という指摘が、既に J. Shea によってなされていた。しかし、Shea はその「共通の基準」の内容には踏み込まなかった。Eriksen, pp. 126-127 は Kraut と同じ考えを示唆した。

(36) Kraut, (1), pp. 54-62, 65.

(37) Ackrill, (1), p. 32. ——原爆研究に従事した科学者を考えればよいのかもしれない。

(38) Adkins, p. 313.

(39)　Cooper, (1), pp. 142-143 ; Keyt, (1), p. 370.

(40)　Roche, (2), p. 127.

(41)　Kraut, (2), p. 145.

(42)　*EN* X 4, 1174a15-16.

(43)　テクスト2の「それだけで」という言葉にも，排他的な意味合いが認められよう。Burger, p. 84.

(44)　Moline, p. 46, 49-50, 52.

(45)　Burger, p. 95, n. 25 も，テクスト6の「同市民」という言葉は，『政治学』のこの言葉を思い起こさせると述べている。

(46)　「*διότι*」(1253a7)は，「なぜ〜なのかということ」とも訳せるが，そのようなことは以前には説明されていなかったので，ここでは単に「〜ということ」と訳した方がよいとするNewman, II, p. 122にしたがった。

(47)　「*ἡ τούτων κοινωνία*」(1253a18)を，このように訳すと，「*ποιεῖ*」という動詞を生かせない——むしろ「*ἐστίν*」がふさわしくなってしまう——とNewman, II, p. 124は言うが，共同体のメンバーが善悪の知覚を持つことは人間的共同体の特徴であって，これがそのまま家的共同体やポリス的共同体の特徴ではないので，十分意味が出ると思われる。すなわち，家的共同体のメンバーは善悪の知覚を持っていることが前提になるという意味で，家的共同体は善悪の知覚を持つ共同体に基礎づけられているのである。

(48)　Kamp, pp. 52-53.——*EN* VI 8, 1142a23-30で，プロネーシスは，色や音などを知覚するのとは別の種類の知覚だと言われている。

(49)　Kamp, p. 49.

(50)　Kenny, pp. 24-25 ; Reeve, p. 120.

(51)　友人などの人間関係(*φίλος*は，家族や恋人といった「自分が愛する人」や，同市民といった「自分が信頼する人」を含む広い概念である)も，「外的善」とされる。*EN* IX 9, 1169b9-10.

(52)　*EN* I 8, 1099a31-b8 ; I 10, 1100b22-1101a21.(ただし，幸福と至福がテクニカル・タームとして常に区別されるわけではない。)この問題は，Cooper, (2)が詳しい。幸福と至福の関係とその意味を考察することは別の機会にゆずりたい。

(53) Burger, p. 97, n. 44.

第二章　アリストテレスの観想概念

――「思惟の思惟」を手がかりとして――

一般に幸福論の文脈において *θεωρία* が、「新たな真理を探究すること(searching for new truths)」ではなく、「既に獲得された真理を反省・観想すること(reflecting on truths that have already been discovered ; contemplation of already acquired truths)」であるということについては、研究者たちは、ほぼ一致している。[1] 問題は、「その観想対象は何か」ということ、そして、「その対象を観想すると、観想は実践に対してどういう意義をもつか」ということである。たとえば、クロートは、幸福成立における観想の対象は、任意の理論学の対象ではなく(数学の対象などは不可)、世界の第一の原因・神に限定されなければならないとしているが、[2] しかしその結果、観想は実践に対して直接的な意義をもちえないと考えるにいたったようである。クロートのこの考えは現在一般的にもそう思われている見解であろうが、実際、『ニコマコス倫理学』第十巻第八章一一七八b七～三二では、神にいかなる実践も制作も配すべきではないとされているので、そのような神を観想しても実践には関係がないと考えてもけだし無理もないことだと思われる(私自身はそのようには考えないが)。

このように、観想の対象を神(ないし神的なものである天体)に限定すると観想と実践が関係のないものになってしまうようにみえるので、A・O・ローティーなどは、たとえ変化するもの(実践学の対象)であっても、その形相に着目すれば、それは変化しないから観想可能ではないかと考え、観想の範囲を通常解されているよりも広くし、倫理的事象も観想できるとした。[3] これは魅力的な解釈と言えるが、ローティー自身がことわっているように、[4] アリストテレス自身が提出している考えではなく、あくまでもアリストテレス的に解決しようとすればこうなるだろうというものであって、その点が弱いと言える。また、観想対象を神以外にも拡大するという点にも問題があろう。

以上からも分かるように、従来は、観想の対象を、いかなる実践活動もしていない神に限定すると、観想は実践とは関係がなくなると想定されていた。私は、この想定を疑いたい。そのために、神の唯一の活動である「思惟の思惟（νόησις νοήσεως）」について考えてみたい。神を観想するとは、結局、思惟の思惟を観想することになろうからである。すると、観想と実践の関係の問題について、神の営む思惟の思惟の内容から解決が得られるかもしれないし、あるいはその形式から得られるかもしれないと予想が立てられるであろう。

I

『形而上学』Λ巻における神についての言説は非常に格調高く、ヘーゲルが『エンチクロペディー』の末尾で引用しているほどである。しかし、その内実は、ロスに言わせると、[5]「不可能かつ不毛な」考えに満ちている。

アリストテレスは、一方で、

(1)神は、自分自身を思惟しており、その思惟は思惟の思惟である

と言いながら、他方で、

(2)神は、世界の目的因である

とも言う。ここで、(1)が、「神は世界を思惟しない」というテシスを含意するとすれば、アリストテレスは、(1)と

(2)を通じて、「世界のことを何も知らないものが、世界の目的因である」ということを主張していることになる。世界の諸事物の規定を含まないものが、いったい、どのようにして世界の目的因でありうるのか、こんな考えは不可能であり不毛だ——と、こう言いたいのであろう。(6)

これに対して、私は、「世界のことを何も知らないものが、世界の目的因である」ことは可能であり、しかもこの考えは決して不毛ではないということを示そうとするものである。

さて、上述の《アポリア》——私はアポリアとは考えないのであるが——に対する従来の対処は、(1)の「神は自分自身を思惟する」が、「神は世界を思惟しない」を含意しないとするものである。これには二つのやり方があるが、まず解釈史的に重要な方から取り上げると、「神は世界の目的因であり、世界はその存在を完全に神に負っているのだから、神が世界の目的因としての自己を思惟することは同時に世界の認識であるはずだ」というものである。この考えは、既にトマスが主張している伝統ある解釈であるが、(7)ロスは、アリストテレスはこの考えをとっていないと主張した。(8)

そこで、トマスの解釈を現代に生かそうとする研究者達が、アリストテレスが実際にその考えをとっていたことを含意するテクストを見つけだそうとしたのである。そのなかで最も有力と考えられているのが、エルダースである。彼は次のような二つのテクストを挙げる。

(a)一つ目は、『形而上学』B巻第四章一〇〇〇b三～六である。そこで、アリストテレスは、エンペドクレスの神は「争い」(Νεῖκος)を欠いているので、神が知にかけて他のものどもに劣るということが、彼にとって帰結すると批判する。その理由は、神は万物を知っているわけではないということになるからというものである。この箇所は、明らかに、最高の存在は万物の知識をもっていなければならないことを含意しているのだと、エルダースは言う。[9]

(b)二つ目は、『形而上学』A巻第二章九八三a八～一〇である。そこで、アリストテレスは、神は万物の原因であり原理であると言っている。すると、神が自分自身を知るのだから、神は万物を知る、なぜなら神が万物の原理なのだから、とエルダースは言う。[10] そしてエルダースは、「最高の存在は存在の充溢を含むのだが、その限りで神の自己知は同様に世界の知なのだ」と主張するのである。[11]

さて、このエルダースに反対するのがエーラーである。彼は、神が世界について考えていないという立場である。まず(a)について、エーラーは、この箇所が、エンペドクレスの理論とそれが持つ内在的な不整合にかかわっているのであって、アリストテレス自身の説との関係はないのだと言う。[12] すなわち、神の全知という想定が少なくともエンペドクレスのものでありさえすれば、ここでの批判はともかく成立するのであって、この想定をアリストテレス自身も取っているのかどうかはここからだけでは判断できないのである。それゆえ、『形而上学』B巻第四章のテクストは決定的な証拠とはなり得ないであろう。

次に(b)について、エーラーは、このテクストでは、「神はすべてのものどもの諸原因や諸原理に属すると思われている」と言われているが、この「～と思われている」(*δοκεῖ … εἶναι*)に注目しなければならないのだと言う。これは、ロスが正しくも述べているように、[13] 一般に受け入れられているにすぎないことを表しているのだと、エーラーは主張する。[14]

しかし、ここでは確かに、一般に受け入れられていることが述べられているとしても、「神が万物の原因・原理である」という点は、アリストテレスの思想でないとは言えないであろう。この論点については、私はエーラーに反対する。

最後に、エーラーは、「神は、万物の原理としての自己を思惟する時、同時に万物を思惟している」という考え方について、この考え方は、原理と、原理に依存するものとの区別を、完全に見過ごしていると批判する。[15]しかし、原理と、原理に依存するものは、関係的なものであり、切り離すのはおかしいと反論することが可能であろう。私は、「自己の思惟が世界の思惟である」というテシスに対しては、次のように言うべきであると主張する。すなわち、神が世界の原因であるのは、世界の共通の原理ということであって、世界の個々の事物の固有の原理ということではないであろう(個々の事物の固有の原理は、各々のピュシスであるから)。すると、「自己の思惟が世界の思惟である」というテシスは確かに或る意味では成り立つが、しかし、そのテシスは、世界の内容には立ち入っておらず、神の自己思惟が世界と関係をもつという形式のみを表しているであろう。この意味では神はやはり世界の内容を考えていないと言える。

さてするとエーラー自身は、思惟の思惟は不毛だと言うのかといえば、そうではない。彼は、アリストテレスにとって、第一の存在の完全性は、全てを知っているという点に存するのではなく、全てを知っていなければならないということから自由だという点に存するのだと言い、これは現代の論理学において全知性と不動性は論理的に調和しないという議論がなされていることに呼応しているとも言う。[16]また、思惟の思惟は純粋な自己関係だが、これは、アリストテレスが神以外の生の諸形式において見出した自己関係の最も純粋な形式にすぎない。それだからこそ思惟の思惟を営む神は世界全体の最高の目標になるのだと言う。[17]

エーラーの解釈の特徴は、神が世界の内容を知らないということは短所ではなく長所だとするところである。現代の論理学との一致というのは外在的批評なので置いておくとしても、「アリストテレスにとって、第一の存在の完全性は、全てを知っていなければならないということから自由だという点に存する」という断定は重大なものであるにもかかわらずテクスト上の証拠が挙げられていないので、これは疑わしい。しかし、「思惟の思惟は神以外の生の諸々の形式を最高度に純粋にしたものなので、神は世界全体の最高の目標になる」という主張は確かに成り立ちそうであるから、私としてはこの立場を更に掘り下げたいと思う。[18]

さて、「神は自分自身を思惟する」が、「神は世界を思惟しない」を含意しないとする第二のやり方は、R・ノーマンのものである。彼によると、「自分自身を思惟する」というのは、なんら特別なことを表現してはいない。『デ・アニマ』第三巻第四章のヌース論で言われているように、思惟と思惟対象は同一になるので、その結果として自分自身も思惟することになるということにすぎない。それゆえ、何を思惟しようと自分自身を思惟するわけであるから、自己思惟は世界の思惟を排除しないのである。[19]

たしかに、「思惟の思惟」の議論が、『デ・アニマ』のヌース論をふまえていることは否定できない。しかし、思惟と思惟対象の一致は、自己思惟の実現の方式であって、自己思惟そのものとは区別されるべきではないだろうか。[20]また、この解釈によれば、自己思惟は神の活動を特徴づけるものではなくなってしまう。しかし、神が自分自身にのみ関わり自足するものであるという論点は、幸福論の文脈において明らかに中心的な役割を果たしている。ノーマンのように解釈すれば、幸福論など他の面での困難を引き起こしてしまうのではないだろうか。それゆえ私はノーマンの解釈をとらない。

以上から、私は、エルダースの伝統的な解釈に反対して、またノーマンの解釈にも反対して、「神は自分自身を思惟する」という命題は、「神は世界を思惟しない」というテシスを含意すると認定する。[21]そして同時に、「神が世界の目的因である」ということも、アリストテレスの考えであると認める。すると、先程も述べたように、「世界のことを何も知らないものが、世界の目的因である」ということが帰結するが、これは可能であり、しかもこの考えは実り豊かなものであることを次に示そう。

II

アリストテレスの神と世界との関係について、次の三つの条件が確認される。

(i)一つ目は、神は直接的に世界に介入してはならないということである。これは、「神は不動である」という、アリストテレスの神学の根本命題の要請である。彼の神は世界を創造しなかった。また、世界の事物に命令することすらもない。[22]

(ii)二つ目は、神によって世界が統一性を持たなければならないということである。しかし、これは、前述の(i)に抵触しないような仕方でなされねばならない。つまり、神が直接に手をくだして世界を統一させているのであってはならないのである。

アリストテレスは、世界に統一性が成り立つ仕方を次のように描写する。

「万物は、魚も鳥も植物も、同じ仕方ではないにせよ、何らかの仕方で共に秩序づけられている。そして或るものが別のものと関係がないというようではなくて、何か(一定の関係)が存在する。というのは、一つのものとの関係において万物は共に秩序づけられているからである」(『形而上学』Λ巻第十章一〇七五a一六~一九)

世界内の諸事物が関係しあい共に秩序づけられ一つにまとまるのは、世界の側が同じ一つのもの（神）に関係していくことによってである。これは確かに（ⅰ）に抵触していない。――しかし、この論点は、神が世界についての知識をもたないこととは、ひとまずは関係がない。

（ⅲ）三つ目は、神によって世界が多様性をもたなければならないということである。前述の（ⅰ）（ⅱ）は、比較的よく知られているが、この（ⅲ）は、ほとんど理解されていない。それは、このことを直接に述べているテクストがないからであるが、私はこの点をこれから掘り起こしてみたいと思う。まず、『自然学』第二巻第七章の次のようなテクストを見て頂きたい。

「質料因、形相因、運動因、目的因……。さて、後者の三つは、しばしば一つに帰着する。というのは、何であるかを示す形相因と目的因とは一つであり、また、運動が第一にそこから生じるところの運動因は、それら形相因・目的因と種において同じであるから。実際、人間は人間を生む。このことは一般に、動かされて動かす限りものものどもに関しても当てはまる」（一九八ａ二四～二七）

このテクストは、形相因・運動因・目的因が一つにまとまることを示す有名なものであるが、形相因と目的因は単純に一つであるのに対して、これら形相＝目的因と運動因が一つであることは、種においてであると言われている。これは、同じ種に属してはいるが、個体としては別々だと言っているのである。例として、「人間は人間を生む」が挙げられている。つまり、親の人間が子の人間を生むわけだが、この場合に親が運動因なのである。[23]

ところで、『デ・アニマ』第二巻第四章四一五a二六～b七によると、生物が子孫を作るのは、自分自身は（個体としては）有限な時間しか生きられないものが、せめて自分自身に似たものを残そうと、種としては永遠に存在しようとしてなのであるが、それは、永遠なもの・神的なものを欲求し、できる限り神的なものに与かることによってなのである。

この考えに基づいて上述の『自然学』からの引用文を解釈することが許されるならば、生物の場合、形相＝目的因と運動因が一つになるのは、神に与かること（または神をまねること）によってだということになろう。

そしてこのことは、上述の引用文によると、「一般に、動かされて動かす限りものものどもに関しても当てはまる」という。すなわち、不動の動者たる神以外のすべてに、生物だけではなく無生物にすらも、このことが当てはまるというのである。無生物の場合についてアリストテレスは、『生成消滅論』第二巻第一〇章で次のように述べている。

「我々の主張するところでは、すべての事物においてピュシス（自然本性）は、より善きものを常に欲求している。しかるに、存在しないことよりも、存在することの方が、より善きことである。……しかし、存在するという性質がすべての事物に属することは不可能である。なぜなら、それらの事物は始源（神）から遠く離れているからである。それゆえに神は残された方法を採り、生成を連続的なものにすることによって、世界全体を完成した。なぜなら、絶えることなく生成することは、（神のように永遠に）存在するということに最も近いものであるので、そのような仕方で、存在するということが最も強固にされるだろうからである。

ところで、絶えることのない生成の原因は、何度も述べられたように、円運動である。なぜなら、それだけが連続的な動だからである。それゆえ、円運動するもの以外の、受動的性質や能動的な力によって相互に転化しあうかぎりのもの、たとえば単純物体も、円運動を模倣しているのである。なぜなら、水から空気が、空気から火が生じ、火からまた水が生じれば、また始めに戻るわけだから生成は円をめぐり終わったと我々は言うからである。したがって、(火や水の上昇・下降といった)直線運動もまた、(上昇と下降の繰り返しによって)円運動を模倣しており、連続的なのである」[24](三三六b二七〜三三七a七)

すなわちこのテクストによれば、火や水といった無生物ですらも星の円運動——星は直接に神まねをおこなっている——の模倣を通じて間接的に神に与ろうとしており、それゆえに単純物体の相互転化や上昇下降運動が生じているのである。

したがって、もし神がいなかったら、形相＝目的因と運動因が一つにならず、世界には形相＝目的因による運動変化は全く起こらないということになるのである。神まねによって世界内の事物の形相＝目的が運動し、自己の目的を実現した様々な生物や単純物体の循環によって世界が多様化していくのである。

さて、ここからがポイントであるが、この場合、個々の事物・生物が行う「神まね」とは、いったいどういう仕方でなされるものなのか。ここで、前述の条件(ii)が思い出されねばならない。世界が神によって統一性をもたねばならないのであったが、それは世界内のすべての事物が同一のものと関係することによってであった。すると、世界がそれをまねて多様になるところのものは、世界内のすべての事物にとって共通だということになる。共通のものをまねることによって多様にならなければならないのである。これはアポリアのように感じられるであろう。しかし、それがアリストテレスの神学の要請である。

ではそれはどういう仕方でなされるのか。ひとつの可能性としては、神の中にすべての事物の知識があり、それぞれの事物が、その中から自分の形相(定義)を取り出して、それをまねするということが考えられる。本章第Ⅰ節で取り上げたエルダースが、目的因としての神は世界の知識をもっていなければならないとしたのも、この可能性を考えていたからであろう。しかし、先に『自然学』のテクストの考察で確認したように、世界内の事物の形相はそれ自体で既に目的因でもある。事物の形相(定義)は、その事物の実現されるべき規定内容すなわち目的なのである。例えば、人間の、未だ実現されざる形相(定義)が、人間の生成の際の目的である。すると、世界の事物は目的としての自己の規定内容を既に持っているので、他のもの(つまり神)に求める必要はないということになる。したがって、この可能性は成立しないと考えられる。世界内の事物にとって神が目的因であるというのは、神が、その事物の規定内容(形相・定義)をもつという意味ではない。

ここで、先に紹介したエーラーの「自己関係としての思惟の思惟は神以外の生の諸々の自己関係を最高度に純粋にしたものなので、神は世界全体の最高の目標になる」という主張が、「共通のものをまねることによって多様になる」仕方の第二の可能性として浮かび上がってくるのではないだろうか。世界内の事物と神は活動形式という点で共通している。つまり、世界内の事物は、神の規定内容をまねるのではなく、神の活動形式をまねるのである。そして、神の活動形式をまねることによって、自己の持つ規定内容を実現するのである。言い換えると、そのような神まねによって世界内の事物の形相＝目的因が運動因と一つになり、かくして世界は神によって多様性をもつわけである。

さて、以上で、「世界のことを何も知らないものが、世界の目的因である」ということが十分に可能であることを示せたことと思う。

最後に、この考えが、決して不毛ではないということについて、二点ほど指摘しておきたい。

まず第一に、神と世界の関係の条件(ii)と(iii)から分かることとして、アリストテレスの神によって世界が統一性と多様性を同時に矛盾なくもつことができるということが指摘されうる。通常は、統一性を高めようとすると多様性を犠牲にせざるをえず、多様性を高めようとすると統一性を犠牲にせざるをえない。しかしアリストテレスの神によって世界にもたらされる統一性と多様性は排他的関係にはないのである。

第二に、その(ii)(iii)の根拠である(i)から、神は世界に何も強制せず世界は自由に神をまねるということが指摘されうる。言い換えると、完全な自由のなかで統一性と多様性が実現するのである。

アリストテレスの神は、世界を作らず、世界に命令せず、世界を知ることもない。ただ世界のそばにいて自己思惟しているだけである。その点だけをみれば、この神はまるで無能である。まねされるばかりで、自ら有用なことはしない。この点だけをみれば、全く無用な存在である。しかし、その生き方の純粋さによって——言い換えると、世界内の事物すべてに共通の自己関係活動の元型であることによって——世界に対して他のどんなものにもできない最大のことをなす。それがアリストテレスの神なのである。

III

さて、以上から明らかになったように、私の考えるところでは、アリストテレスの神は思惟の思惟として端的に自己自身しか思惟していない。つまり徹底的に自己関係活動をいとなむ知性である。それは、世界についての知をもたない純粋に自己関係的な活動なので、そのような神を観想するということは、特定の理論的知識を思惟することではなく、自己関係活動を知性において再現するということ、言い換えれば、知性の一つのあり方ではないかと私は考えるのである。

神を観想することが知性の一つのあり方であるというのは、他に応用したり指示を与えたりするための理論(つまり技術)を思惟しているのではないということである。アリストテレスは、『ニコマコス倫理学』第六巻第一二章で、

「ソピアー[25]が幸福を作り出すのは、医術が健康を作り出すように(これはプロネーシスの場合)ではなく、健康が健康を作り出すようにである[26]」(一一四四a三〜五)

と言う。「医術が健康を作り出す」ということには次のようなポイントがあると思われる。(身体の)外部からの技術の適用であること、(患者に)指示・命令すること[27]。すると、これとの対比で、「健康が健康を作り出す」は、(外部から適用されるのではなく)内部で前もって準備されていなければならない状態の働きであること、(命令するのではなく)影響を及ぼして自己と同じ状態(健康)を拡大することにポイントがあることではないだろうか。これが、私の言う「あり方」の意味である。

では、知性の一つのあり方としての自己関係活動とは何か。それは簡単に言えば、自己を意識する働きではないかというのが私の考えである。もちろんエーラーの言うとおり、アリストテレスに哲学的な「自己意識」の考えがあったわけではない[28]から、もっと素朴な、基本的に大人なら誰にでもできるもののことを言っているのである。アリストテレスのテクストにおいて、それには二つの局面が確認できると思われる。

一つは、自分と他人を切り離して区別し、これによって自己を意識することである。『ニコマコス倫理学』第一〇巻第七章・第八章で、観想する人は、働きかける相手からも共同者からも活動の手段からもすべてから切り離されて、ただひとりになれることが強調されていることがそれにあたる。[29]

純粋な自己関係活動としての神を観想するとき、ひとは、ひとりの人間としての自分自身をも意識するであろう。神を知るひとは、同時に自分を知るひとでもある。そしてそのようなひとこそが「最も自立的(αὐταρκέστατος)」な人間であるとアリストテレスは言うのである。[30]

自己を意識する神的な働きのもう一つの局面は、自己を配慮するということである。『エウデモス倫理学』第一巻第三章でアリストテレスは次のように言う。

「もし立派に生きること(幸福)が、運の故に生じるものや自然本性の故に生じるものに存するのだとしたら、それは多くの人にとって望みのないものになろう——もしそうであれば、立派な生を所有することは、多くの人の場合、配慮によるのでもなく、自分にできることの範囲にあるのでもないからである——。

しかしもし、自分自身と自分自身に基づいた行為が一定の性質のものであるということに立派な生が存するならば、善なるもの(幸福)はもっと一般的でもっと神的なものということになろう。もっと一般的であるというのは、立派な生に与ることが大多数の人にとって可能だからであり、もっと神的であるというのは、自分自身と(自分の)行為を一定の性質に調える人たちに幸福は備わるからである[31]」(一二一五a一二～一九)

ここでやや分かりにくいのは、なぜ、「自分自身と(自分の)行為を一定の性質に調える——「配慮」する——人たちに幸福が備わる」と、そのような幸福は「神的」なのかということである。デカリの示唆に従うと、[32]「自分自身を調える」(自己配慮)という点が、自分自身にかかわっている自足的な神に似ているからである。これは、神は自己関係活動をしているとする私の見方に従うならば、いっそう理解しやすくなるであろう。

さて、以上の二点を考慮するならば、神の活動を再現して自己を意識する働きとは、他から区別された一人の人間として自己を配慮するということであるように私には思われるのである。

ところで、アリストテレスの倫理学の重要な場面には、「自己」や「自分を配慮すること」がたいてい登場する。たとえば、「各人は諸々の善が自己のものになるのを願うのであって、たとえすべてを手にするのであっても、(自分ではなくなって、完全に)他人になってだとしたら、それを選ぶ人はない」[33]という言葉からも分かるように、所有の願望は「自己」を前提としている。[34]また、実践を成立させる重要な要素であるプロネーシスは「自分自身にとっての善」にかかわっており、実践に際しての責任の根拠は「自分を配慮する力があること」である。[35]さらに、個人個人の人間関係である「ピリアー」も「自己」が問題になる。自分が愛する人は「第二の自己」であり、誰かを愛する人は自分が愛する人に「自己」を見いだすとされる。[36]

これだけ重要な役割を果たしているのもかかわらず、「自己」はどのように成立するか、「自己配慮する力」とはどんな力かということは、あまりはっきりしていない。私の解釈は、この点に光を当てるものになると思われる。なぜなら、実践の基礎になる「自己」[37]や「自己配慮」――これをおこなう人に幸福は備わるとされている――を成立させるのは、観想だとするからである。さてこのように、「自己」成立という点で観想は実践の(そして幸福の)基礎になるという立場を見いだすことができた。そこで、次に章をあらためて、実践と観想の関係を、テクストに即して考察してみたい。

(1) それは、『ニコマコス倫理学』第十巻第七章の「究極の幸福は観想である」ということを論じている箇所で次のように述べられているからである。「幸福には快楽が混じっているのでなければならないと我々は思っているが、徳に従った諸々の活動の内で最も快いのは、同意されているところでは、ソピアーに従った活動である。それで、ともかく、知を愛し求める活動(ピロソピアー)は、純粋さと安定性の点で驚くべき快楽を持つと考えられているが、知を探求する人たちの営みよりも、すでに知ってしまっている人の営みの方が、より快いというのが理にかなっている」(1177a22-27)。しかし、同じ第十巻第七章で、「おそらく、共同者をもてば、よりよく *θεωρεῖν* することができるであろうが」(1177a34)とあって、共同できるのは知の探求においてであって知の反省・観想ではないと考えられることから、Guthrie, (3), 397 は、*θεωρία* には知の探求という意味もなければならないとした。これについては、次のように考えられるのではないだろうか。すなわち、その「共同」を述べた箇所で、「おそらく……であろうが」という含みのある言い方をしているのは、「観想するときに、そばにいて一緒に観想活動してくれる人がいれば、ひょっとしてよりよく観想できるかもしれないが」という推測をしているのかもしれない。そうだとすると、必ずしも探求のことが述べられているとしなくてもよいことになる。アリストテレスにおいて *θεωρία* という言葉自体が探求という意味も持つことは明らかであるが、幸福論の文脈においてはやはり観想という意味に限定されなければならないと思われる。

(2) Kraut, (1), p. 15, n. 1 ; pp. 73-74.

(3) Rorty, (2), pp. 378-379.

(4) Rorty, (2), p. 379.

(5) Ross, (1), Vol. I, p. cxlii.

(6) Ross, (1), Vol. I, p. cxlix.

(7) Thomas, L. XII, l. xi, nn. 2614-2615.

(8) Ross, (1), Vol. I, p. cxlii.

(9) Elders, p. 257.

(10) ibid.

(11) ibid.

(12) Oehler, (3), p. 84.

(13) Ross, (1), Vol. I, p. 123.

(14) Oehler, (3), p. 84.

(15) Oehler, (3), pp. 84-85.

(16) Oehler, (3), p. 85.

(17) Oehler, (3), p. 93.

(18) ただし、Oehler, (3), p. 90-91 は、「神は世界を思惟していないが、しかしそうだとするといったいどんな内容のことを神が思惟しているのかということは、有限な人間理性には分からない」とするが、私はこの点には賛成できない。これではアリストテレスの神を悪い意味で神秘化してしまうことにならないだろうか。神が何であるか、どのようなものであるかという積極的な規定(ヌースであり実体の点で善いものであるということなど)が、本論文第二部第二章で述べられた「エンドクサの方法」や「人間との類比」という仕方で人間に認識されうる以上、そのような積極的規定をもつものとしての自己を神は思惟していることが人間にも十分分かるはずだからである。(エンドクサにすら現れない規定は確かに有限な人間理性には分からないとしても。)

(19) Norman, pp. 93-96, 100.

(20) Elders, pp. 189-190, 253 ; Oehler, (3), pp. 74-75.

(21) 「神は世界を思惟しない」という立場をとる研究者としては、Oehler の他には Dudley がいる。また、Oehler に反対して、Krämer が、『形而上学』Λ巻第八章における五十五の不動の動者の諸々のエイドスが第一の動者のアプリオリな思惟内容だと主張しているが、もしそうであっても、世界内の事物の(例えば馬とか人間の)知識をもっていることにはならないのではないだろうか(『形而上学』Λ巻第八章をいかにして整合的にアリストテレスの哲学の中に組み込むかという難問に関して耳を傾けるべきものはあるが)。——なお、Oehler と Krämer の間でかなり激しい論争があったが、緻密すぎるのでここでは取り上げることができなかった。

(22) *EE* VIII 3, 1249b13-15.

(23) cf. Wagner, pp. 473-474.

(24) Joachimのテクストによる。

(25) *EN* VI 7でアリストテレスは、「ソピアーとは、本性的に最も尊いものを対象としたエピステーメーとヌースである」としている(1141a19-20；1141b2-3)。エピステーメーとは論証知であり、ヌースは直知であるから、我々が問題にしている観想に直接かかわるのはソピアーの内のヌースだけである。

(26) アリストテレスは、そもそも治療行為が成立するのは、「身体に残存する健康な部分が何事かをなすからだ」とする(*EN* VII 14, 1154b18-19)。

(27) 「プロネーシスは命令するものである」(*EN* VI 10, 1143a8)。

(28) Oehler, (1), p. 253.

(29) *EN* X 7, 1177a27-b1；X 8, 1178a23-b5.——ちなみに、「観想するとしても実践するとしても、(生き物として)生きていくのに不可欠なものは、どちらも同じだけ必要だ」ということは、きちんと押さえられている(X 8, 1178a25-26)。

(30) *EN* X 7, 1177b1.

(31) OCTの提案する「〈ἐν〉」(1215a18)という読みはとらなかった。もしとれば、第二版のWoodsの訳のように、「……一定の性質のものに調えるものどもに幸福は存する」と訳すことになるが、幸福が存するところのそういう「ものども」とはいったい何なのかよくわからない。第二版のWoodsは、原文の「自分自身」を「人間」と意訳しているので、人間を一定の性質のものにするところの「神々」と理解しているのかもしれない。しかしそのような意訳は無理があると思われる。

(32) Décarie, (2), p. 54, n. 30.

(33) *EN* IX 4, 1166a19-21.

(34) *EN* VI 5, 1140a26.

(35) *EN* III 5, 1114a3.

(36) *EN* VIII 12, 1161b28-29；IX 4, 1166a32；IX 9, 1169b6-7.

(37) それゆえ、第三部第一章で取り上げたテクスト8・9の問題(幸福でない理由として観想が挙げられたり実践が挙げられたりする問題)については、観想と実践は幸福の成立に関して対等ではなく、動物は、観想しないからこそ「自己」が成立せず「自己配慮」もなされないので、これらを基礎にする実践が不可能になり、幸福でないのだと考えることができよう。

第三章　観想と実践の関係について
――ソピアーとプロネーシス――

さて、第三部のテーマである「幸福成立における観想と実践の関係」について従来は、目的手段説・全体部分説・権利義務説・同一基準説といった解釈が提出されてきたのだが、いずれも無視できない困難があり、アリストテレスの幸福論を十分には説明できないのだった。その困難には、観想概念が明確にされていないというものがあり、私は前章でその問題に取り組んだ。そこでこの章では、従来の説にはテクスト上の証拠がなかったというもう一つの困難に配慮しつつ、自説をテクストの分析によって裏付ける作業を行いたい。

I

ところで、私の解釈の特徴は、実践を考える際に特にプロネーシスに着目するということである。なぜなら、アリストテレスは、観想と実践の関係といったものをはっきりとは論じていない――だからこそ従来の解釈者は苦しんできたわけである――が、観想の徳であるソピアーと実践の徳であるプロネーシスの関係については何度か触れており、このソピアーとプロネーシスの関係から観想と実践の関係を解明できるのではないかと思われるからである。

アリストテレスは、『ニコマコス倫理学』第六巻第一〇章で「プロネーシスは命令するものである」と言い（一一四三a八)、同・第一三章では「プロネーシスはソピアーのために命令するのであって、ソピアーに命令するのではない」(一一四五a九)と言っている。これらの言葉からすると、観想が目的になるのではあるが、実践はその手段になるのではないということが分かる。実践的徳であるプロネーシスは、命令するものである。手段になるのは、むしろ、外的善ではないだろうか(外的善が手段であること自体を疑う研究者はいないが)。

しかし、『ニコマコス倫理学』におけるソピアーとプロネーシスの関係についての言及はやや簡単に済まされているように思われる。また外的善とこれらの徳の関係もはっきりしない。そこで、私は、自分の解釈をもっと詳細に裏付けるために、『エウデモス倫理学』第八巻第三章末尾の難解なことで知られる箇所(一二四九b三~二三)を分析してみたい。テクストの乱れが激しいので、完全な解釈を出すことはおそらく不可能であろうが、私の解釈にしたがうと少なくとも議論の流れが明確になるということは示せるだろう。

アリストテレスは、まず、医者には医療行為を行うための一種の基準(ὅρος)があるように、卓越した人(σπουδαῖος)にも実践するための一種の基準がなければならないという点を確認して(一二四九a二一~b三)から、次のように述べる。

「(T1) さて、前のところでは、(その基準とは)、ロゴスが(命じる)ようにやるということだと言われた。しかしそれはちょうど、栄養に関することにおいては医術つまり医術のロゴスが命じるようにやるのだと言うようなものであって、真ではあるが、明晰ではない。

(T2) それで、他の場合もそうであるように、支配するもの(τὸ ἄρχον)に基づいて生きるべきである。つまり、支配するものの状態や活動[1]に基づいてである。たとえば、奴隷が主人の状態や活動に基づいて、また各人は各人[2]の適切な原理[3](ἀρχή)に基づいて生きるべきであるように[4]。

〔T3〕ところでまた、人間は、本性上、支配する部分(ἄρχον)と支配される部分(ἀρχόμενον)から構成されているから[5]、各人[6]も自分自身の原理(ἀρχή)に基づいて生きるべきであろう。

〔T4〕もっとも、原理には二つの種類がある。すなわち、医術が原理であるのと、健康が原理であるのとでは、異なる。医術は健康のために(ἕνεκα)あるのである。

〔T5〕しかるに、観想的部分(τὸ θεωρητικόν)については、そのようなのである。なぜなら、神は、命令するという仕方で支配するものではなく、プロネーシスがそれのために(ἕνεκα)命令するところのものだからである。

〔T6〕もっとも、「〜のために＝目的(τὸ οὗ ἕνεκα)」には二つの種類がある[7]——このことは他のところで規定された——。実際、神は何も欠くところがないから。

〔T7〕それで、身体の善や財産や友人やその他の善といった自然的善(φύσει ἀγαθά)の選択と所有は、神の[8]観想を最大にするように行うのが最もすぐれており、このような基準(ὅρος)が最も立派なのである。それに対して、(自然的善の)欠乏あるいは超過のゆえに、神[9]を「世話する」つまり観想するのを妨げるような選択や所有は、劣っている。

〔T8〕それで、魂にとって以上のようにすることが最もよい[10]のである。すなわち、先に述べたような(観想を妨げるような)[11]ものとしての、魂のロゴス的でない部分(の働き)をできるだけ感じないこと、それが魂の最もすぐれた基準なのである」(一二四九b三〜二三)

Ｔ１・Ｔ２やＴ７・Ｔ８は理解しやすいが、そのあいだの議論がやや難解である。まずＴ３からみていこう。Ｔ３は簡単である。すなわち、

人間を
(1)支配される部分（ἀρχόμενον）
(2)支配する部分（ἄρχον）あるいは原理（ἀρχή）

に分けている。

次にＴ４は、原理すなわち支配する部分を二つに分けている。それは、医術に相当する原理と健康に相当する原理であるが、しかし二つの原理は同等ではなく、健康が医術の目的であると言われている。これをＴ３の図式に重ね合わせてみると、

人間を
(1)支配される部分（ἀρχόμενον）
(2)支配する部分（ἄρχον）あるいは原理（ἀρχή）
(a)「医術」に相当する部分
(b)「医術の目的である健康」に相当する部分

に分けていることになる。アリストテレスは、T3・T4で、このような図式を考えていたと私は解したい。

この図式を準備した上で、T5は、人間の魂の「観想的部分」すなわちヌース[12]の占める位置の分析に入る。ここでやや唐突に「神」が出てくるが、人間のヌースと神は同じ活動形式をとるので、人間のヌースの解明には神を用いるのがよいとアリストテレスは思ったのかもしれない[13]。そこで、「神は、命令するという仕方で支配するものではない」とは、神は、(患者に指示・命令する)医術のような原理ではなく、健康のような原理であることを言おうとしており、神と人間のヌースとの類似性からすると、ヌースも健康のような原理であることが分かる。また、「神は、プロネーシスがそれのために命令するところのもの」と言われているので、ヌースもプロネーシス[14]の目的であることが分かる。そして、プロネーシス自身は、命令するという性格が共通するので、医術に相当するであろう。また、支配される部分に相当するものは、T8の「魂のロゴス的でない部分」と考えられる。

すると、先の図式との関係では

人間の

(1)支配される部分(ἀρχόμενον)は、
　魂のロゴス的でない部分

(2)支配する部分(ἄρχον)あるいは原理(ἀρχή)の

(a)「医術」に相当する部分は、
　プロネーシス

(b)「医術の目的である健康」に相当する部分は、

ヌース

になると思われる。

T6は、神を説明に持ち出したので必要になった注のようなものであろう。すなわち、神は「何も欠くところがない」から、神「のために」といっても、その「～のために」とは、利益を受けるものを表す「～のために」ではなく、目標を表す「～のために」だと念を押したのである。

しかし、神の場合は異なると念を押すことによって、逆に人間のヌースの場合が照らし出される。それが次のT7であって、人間のヌースは、プロネーシスにとって到達目的であるが、利益を受けるものを表す「～のために」でもあることが示されている。ここで「自然的善」と言われているのは、挙げられている例からして、外的善とほぼ同じと考えてよいであろう。すると、T7は、外的善は観想の手段であるとはっきり述べていることになる。しかも、外的善が手段になるのは、「選択や所有」という実践活動をすることによってである。実践は手段ではなく、外的善を手段にするものなのである。外的善を手段にする(使用する)働きは、魂のロゴス的ではない部分や身体に命令するのとは違った仕方で、プロネーシスが「支配するもの」であることを示すだろう。そして、命令し使用するという仕方で「支配する」働きは、人間を実践の当事者すなわち行為者にするとしてよいであろう。また、外的善を先の図式に入れるとすれば、やはり「支配されるもの」になるだろう(もはや人間を直接に構成する部分ではないが)。

さて、以上の分析から、

(1)支配されるものは、
魂のロゴス的でない部分と外的善(身体を含む)
(2)支配するものあるいは原理の
(a)「医術」に相当する、
「命令し使用するもの」は、
プロネーシス
(b)「医術の目的である健康」に相当する、
「命令・使用の目的になるもの」は、
ヌース

という図式が得られる。すなわち、ヌースが人間に目的を与えるもの、プロネーシスが人間を行為者にするもの、外的善が人間に手段を与えるものだということが、『エウデモス倫理学』からテクスト的に明らかになったのである。私の説を特徴づければ、「目的・行為者・手段」説ということになろう。

II

しかし、観想と外的善の関係である「目的・手段」については『エウデモス倫理学』のテクストに直接に触れられているので分かりやすいが、観想と実践の関係である「目的・行為者」については、もっと詳しい解明が必要であろう。

前章での私の解釈では、観想とはヌースにおける神の自己関係活動の再現であり、結局のところ、自己を意識する働きであったから、このような観想を目的としてとは、つまり自己の存続を意識的に目的としてということである[15]と考えられる。しかし「自己」とは何なのだろうか。アリストテレスは、「自己」にいくつもの(少なくとも次のような三つの)レベルがあると考えていたようである。

そのことが語られているのは、彼のピリアー論である。それは、狭い意味の友愛論ではなく、社会的な場面での人と人とのつながり[16]も視野に入れた広い意味での人間関係を扱っているのであるが、他人との善い人間関係の基礎には、自分との善い関係があると考えられている[17]。アリストテレスは、それを「αὑτὸς πρὸς αὑτόν(自分との関係における自分[18])」と表現している。また、「τουθ' ἕκαστός ἐστιν(各人がそれである[19])」とも言う。

ここで、「各人」と言われ、「αὑτὸς πρὸς αὑτόν」の「αὑτός」とされているのが、①(肉体も備えた)通常の意味の自己であろう。

他方、「それ」と言われ、「πρὸς αὑτόν」とされているのが、②厳密な意味の自己——アリストテレスの表現で「ἑαυτοῦ τὸ κυριώτατον(自分自身の最も主要な部分[20])」——、「ヌース[21]」である。

そして、自分が「φιλεῖν」する相手も、これまでに何度も触れたように、「自己」(「ἕτερος αὐτός, ἄλλος αὐτός」＝第二の自己)と呼ばれる。これは、③拡大された意味の自己と言えよう。相手に自己をみるというのは、他人ではあるが自分のこととして考えることができるということである。アリストテレスの考えでは、人間というものは、自分に関係のないことには意味を見いださない。(22) いいかえれば、自己を見いだすもののために何かをなすということである。いまここで、第三部第一章で触れたテクスト6(自足性の包括的概念)をみると、「親・子・妻」から、「また総じて友人たちや同市民」まで、ピリアーの成立範囲と完全に重なることが分かる。自足性の概念に家族・友人・同市民が入っているのは、それらの人たちに自己を見るからであろう。(23)

このように、アリストテレスにおいて、「自己」の概念は、単に個人内部の問題ではなく、もっと大きい広がりと意義をもっている。個人という通常の意味の自己が、社会(ポリス)において、誰に対して、あるいは誰とともに、何をなすべきか・実践すべきかという課題は、拡大された意味の「自己」をふりかえることによって分かるのである。それは、ちょうど世界内の事物が、自分の実現すべき規定をピュシスという形ですでにもっているように、人間は、自分のなすべきことを、自分と自分をとりまく状況という個別的なことから見いだしうるということではないだろうか。それゆえ、自己配慮に典型的にあらわれているような、自分自身へたちかえらせる働きをする観想——厳密な意味の「自己」の活動——が重要になるのである。

そこで私が主張したいのは、思惟の思惟を営む神が世界に対して果たしているのと同じ役割を、神を観想する(神の活動をまねる)ヌースが、実践する人間に対して果たすのではないかということである。

アリストテレスは、『エウデモス倫理学』第八巻第二章で言う。

「我々が探求しているのは、魂の内の動(いかになすべきかと思案することや実践にかかわる推論をすること)[24]の原理は何かということであるが、それは今や明らかである。

世界の場合(原理は)神であるように、先のことの場合にも(原理は神的なものである)[25]。つまり、我々の内なる神的なもの(ヌース)が或る仕方で(魂の内の)すべてを動かすのである」(一二四八a二四～二七)

ここで明らかにアリストテレスは、「世界に対する神」と、「人間の魂に対するヌース(我々の内なる神的なもの)」を、原理としてパラレルに論じている。

アリストテレスは、これに続けて、神とヌースがパラレルになる仕方を説明する。

「ところで、ロゴス(エピステーメーとヌースを含んだ広い意味での思考の働き)の原理はロゴスではなく、よりすぐれたものである。それで、エピステーメーよりもヌース(自身)よりもすぐれたもの[26]は、神以外に何があろうか。なぜなら、そのアレテー(エピステーメー[27])はヌースの道具(ヌースのために用いられる下位のもの)であるから」(一二四八a二七～二九)

すなわち、ヌースとエピステーメーと神の三つが考えられている場合に、エピステーメーがヌースよりも下位である(道具である)ならば、ヌースよりも上位のものは神しかないので、ヌースは神を自己の原理とすべきなのである。ヌースが神を原理とするとは、私の立場では、神をまねて、自己関係活動の模範を示すこと(到達目標としての「～のために」＝目的になること)である。動物における神まねは種を永続させることしか行わないが、人間の場合にはその他の多様なまね方の可能性がある。それは、動物の場合の自己関係する自己がその種しかないのに対して、人間の場合には、自己に様々なレベルがあり、そのなかに、個別的な多様性を本質的特徴とする実践的世界（他の仕方でもあり得る事柄の世界）が含まれるからである。たとえば、他の人たちを「第二の自己」として「φιλεῖν」し、そのような人たちとポリスを形成することも神的であろう。いや、むしろ、神が自然的世界の全体に働きかけていることを考えれば、人間の世界の全体（ポリス全体）に神的活動を行きわたらせる方がいっそう神的であろう。アリストテレスは、『ニコマコス倫理学』第一巻第二章で言う。

「目的そのものは個人にとってもポリスにとっても同じであるにしても、ポリスの目的を実現し保持することの方が、明らかに、いっそう大きくいっそう完全である。すなわち、個人の目的を実現し保持することは好ましいことであるが、種族やポリスの目的を実現し保持することは、いっそう立派でいっそう神的である」（一〇九四b七～一〇）

観想すること自体は、自己をふりかえる単純な働きを人間に生じさせるにとどまるが、ふりかえる対象の「自己」が多様であるので、現実の人間の観想は、実践することにとって意味のある多様で豊かな結果を生むのである。

III

それでは、幸福の成立ということに関して、観想と実践はどういう関係にあるのだろうか。第三部第二章第III節でも引用した『ニコマコス倫理学』第六巻第一二章をもういちどみてみよう。

「ソピアーが幸福を作り出すのは、医術が健康を作り出すように（これはプロネーシスの場合）ではなく、健康が健康を作り出すようにである」（一一四四a三～五）

「ソピアーが幸福を作り出す」とは、「健康が健康を作り出す」のと同様、外部から適用されるのではなく内部で前もって準備されていなければならない状態の働きであり、命令するのではなく影響を及ぼして自己と同じ状態を拡大することであった。しかし、ここでの比喩が、健康状態の維持（この場合には医術の果たす役割はほとんど無い）ではなく、治療の場面に限定されるならば、ソピアーは独力で幸福を全体へ拡大することはできなくなる。病気の時は医術の助けを借りねばならない。医術は、「身体に残存する健康な部分」を助け、薬を用い手術を行ってその部分が拡大していくように配慮しなければならない。

プロネーシスも、この医術と同じで、ソピアーが行う観想によって保持される厳密な意味の自己を、拡大された意味の「自己」（自分が「φιλεῖν」する人や自分の所属するポリス）にすべく(28)、外的善を用い実践するのである。ソピアーは、自己をふりかえる働きをなすことによって、プロネーシスの行う拡大に課題・目標を与えるのである。しかし、ソピアーそれ自体は目標を与えるだけであるから、病気の時には医術の助けが必要であるように、自己を拡大するときにはプロネーシスを必要とするのである。

それにもかかわらず、プロネーシスだけでは幸福を作り出せないであろう。それはちょうど患者の体に健康な部分が残ってなければ医術には何も治療ができないのと同様である。それゆえ、第三部第一章で触れたテクスト7で言われていたように、実践的徳に従った生は「副次的（δευτέρως）」にしか幸福でないのである。
それに対して、治療に決定的な役割を果たすのは身体に残存する健康であるように、厳密な意味の自己を保持する観想は、実現されるべき目標（テロス）としての幸福の形相として必要であり、その意味で観想は「最もテロス的な幸福（τελεια εὐδαιμονία）」なのである。

VI

最後に、私の解釈ならば、従来から指摘されている問題がいかに解決されるかをみておこう。すなわち、第三部第一章でとりあげた「幸福追求における観想と実践の葛藤」の問題である。これは、観想（テオーリアー）を《最高の幸福（τελεια εὐδαιμονία）》とすると、たとえば書斎で研究（テオーリアー）しているときに隣が火事になった場合、最高の幸福である観想を捨てて隣の人を助けるという実践が原理的にできないことになるのではないかという問題であった。

これについては、アクリルやクーパーといった実践を重視する立場から対処がなされていたのだったが、観想を重視する立場からも様々な説が提出されている。代表的なものとしては、アリストテレスは、観想と実践の葛藤状況において柔軟に対処すべきであることを説いているとする解釈がある。ハイナマンは、『トピカ』第三巻第二章の次の言葉を引用する。

「確かに哲学することは、お金を稼ぐことよりもより善いのだが、しかし、（生きていくのに）不可欠なものを欠い

ている場合には、より選択されるべきことなのではない」(一一八a一〇～一一)

このテクストは、観想がいかなる場合にも優先されるわけではないことを示している。それゆえ、アリストテレスは、観想より実践を優先させた方がいい場合を認めることができる――このようにハイナマンは主張する。[29]

これは重要な指摘ではあるが、観想と実践の葛藤の問題を出す研究者たちは、原理的な問題としてこれを提示するのであるから、葛藤が事実上起こらないことをアリストテレスが認めることを示すだけでは不十分であろう。

これに対して、カーザーはもっと原理的な解決を試みている。すなわち、テオーリアーには、「真理の解明に専念すること(concentration)」と「反省すること(reflection)」があって、真理の解明に専念することは確かにできないが、反省しつつ実践することはできると主張する。[30]

カーザー自身は、テオーリアーを「専念」と「反省」に区別することはアリストテレスはしていないとみとめており、[31]その点が弱く、また「反省」の内実もあまりはっきりしないのであるが、解釈の方向としてはまちがっていないと私には思われる。カーザーの説は、私の立場だと次のように展開できる。

すなわち、特定の理論的知識に専念することではなく自己を意識し反省することとしての観想は、実践しながらでも可能である。そればかりではなく、自己を意識し配慮することが実践の成立条件であるとさえ言えるのではないだろうか。

まず第一に、何を実践すべきかということは、拡大された意味の「自己」をふりかえることによって明らかになる。人間は、自分のなすべきことを、自分と自分をとりまく状況という個別的なことから見いださなければならない。実践的世界は、他の仕方でもあり得る、個別的な多様性を本質的特徴とする世界であるから、何か一つ普遍的な善を知っていてもこの世界ではあまり役に立たないというのが、アリストテレスの倫理学の出発点だったからである。

第二に、自己を配慮する力のあることが人を行為の責任者にする。ある人が悪いことをした場合、それが一種の習慣としてあまり考えもせずに(いわば無意識に)行ったのであっても、そのような習慣を付けないように自己を配慮して行為し別の善い習慣を形成する力がその人にあった以上は、その人に責任があるのである。[32] いいかえるなら、自己配慮の力がない子どもの時に親や年長者につけられた習慣にもとづく行為にはその人に責任はないが、自己配慮の力が生じてきてからの習慣にもとづく行為には責任があると考えられよう。そこで、我々は自分のもっている子供時代からの習慣全体に対して、部分的に責任がある(「責任を分けもっている(συναίτιοι)」)[33]。しかし、自己配慮の力によって、新たな習慣の形成に加えて、子供時代の習慣の修正の可能性も持つと考えられる。それほど自己配慮は実践に対して決定的なのである。

子どもの問題は、幸福論の見地からも興味深い。というのは、アリストテレスは、子どもは、実践に与らないので幸福なものではないとするからである。[34] 子どもであっても、自分の習慣に基づいて活動するであろう。しかし、この活動は幸福を構成せず、実践とも言えないものなのである。ここからも、自己配慮が幸福と実践の成立にとっていかに重要かが分かるであろう。

観想は確かに「τελεία εὐδαιμονία」であって、活動としては完全で自足的であるが、それ自体としては内容が全く空虚なので、およそなにものとも葛藤状況にはいることはない。観想が「τέλειον」(文字どおりにはテロス的)であるのは、実現されるべき目標(テロス)である拡大された意味の「自己」の原型として厳密な意味の自己を保持するからなのである。

(1) OCTの写本通りの読み「κατά」(1249b7)はとらず、Rackham, (2) やWoodsと同じように「καί」と読んだ。OCTの読みだと

「ἕξις κατὰ τὴν ἐνέργειαν」で、「la disposition en acte」(Décarie, (2), p. 224)とか「the active state」(Verdenius, (2), p. 287)と訳すことになる。その意味は「ヘクシスが現実活動していること」であるらしいが、ここでそんなことを言う意味があるのかどうか疑問である。Kenny, p. 95, n. 17 は、「ἕξις τοῦ ἄρχοντος κατὰ τὴν ἐνέργειαν」で、「働いている主人の(善い)状態」という意味に取る。語順的に無理があるか。

(2)　「各人は各人の」という言葉は、「各々のもの(each thing)は各々のものの」とも訳せる(Woods)が、その場合は非常に一般的なことが言われていることになって、例を具体的に示すのには不適切ではないだろうか。

(3)　「各人の適切な原理」とは、ここでは、各人に適した規則あるいは指導者か。

(4)　OCTの読みだと、「また各人は……生きるべきである」は、「たとえば……ように」の中に入らないことになるが、そのようにする意図がよく分からない。

(5)　1249b9の「ἐπεὶ」に対するアポドシス(帰結)がどこから始まるかについては、(1) b10-11の「καὶ ἕκαστου」から(Woods；Kenny, p. 95, n. 18)、(2) b13の「οὕτω δὴ(δ' のかわりに)」から(Rackham, (2))、(3)アナコルートン(破格)であって、はっきりしたアポドシスはなく、b11の「οὕτη δὲ」からが実質的にアポドシスになっている(Verdenius,(2), p. 287-288)という立場があるが、私自身は(1)をとった。

(6)　Verdenius,(2), p. 287は、「(二つの部分の)各々」とする。Verdenius は、「各人は」と訳すと、1249b6-7(T2冒頭)の「(人は)支配するものに基づいて生きるべきである」と同じことになってしまうという。しかし、Woods(第二版, p. 181)やKenny, p. 95, n. 18が指摘するように、T2では一般的で日常的な命題が述べられただけで、自分の外にある支配するもの(主人や規則)に基づくことが語られているのに対して、T3では人間の内部の支配するものが語られているので、繰り返しにはならないと考えられる。

(7)　到達目標(健康のために)と、目標到達して利益を受ける者(患者のために)との区別。

(8)　OCTの提案の「θείου」(神的なものとは、ヌースのこと)ではなく、写本通り「θεοῦ」とよむ(第二版のWoodsもOCTには従っていない)。

(9)　OCTの提案の「τὸ ⟨ἐν ἡμῖν⟩ θεῖον」(我々の内なる神的なものとは、人間のヌースのこと)ではなく、写本通り「τὸν θεὸν」

とよむ(第二版の Woods も OCT には従っていない)。「神を世話する」という言い回しはアリストテレス的ではないが、Verdenius, (2), p. 294 の言うように、一般に用いられている言い方を持ち出してみただけかもしれない。

(10) Verdenius, (2), p. 294 に従って「*ἀρίστου*」を補って考えた(b19の「*ἀρίστη*」から)。

(11) Verdenius, (2), p. 294 による解釈。Kenny, pp. 99-100 は、「そのようなものとしての」を、「ロゴス的でないものとしての」とする。その意味は、たとえば、節制の徳に従っている人は、魂のロゴズ的でない部分を意識しているが、それをロゴスに従わせているので、ロゴス的でないものとして意識しているのではないということであるという。しかしテクストはもっと単純なことを言っているようであって、この解釈は私にはもっともらしく思われなかった。

(12) 「観想的部分(*θεωρητικόν*)」を、Düring, (1), p. 451, n. 125 や Rowe, p. 86 は、単に「考える部分」ととって、「魂のロゴス的な部分の全体」(つまりヌースとプロネーシスの両方を含む)と解するが、Verdenius, (2), p. 291 の指摘するように、T7に二回出てくる「観想(*θεωρίαν*, *θεωρεῖν*)」という言葉(これは明らかにヌースが行う観想である)との関係は無視できないと思われる。

(13) 私のように解すれば、OCT の apparatus で紹介されている修正案(*θεός* を *νοῦς* におきかえてしまうなど)のようなことをしないですむだろう。

(14) 『エウデモス倫理学』における「プロネーシス」の概念は、非常に大きな問題なので簡単に述べることができない。この問題を詳細に論じた Rowe は、『エウデモス倫理学』には、『ニコマコス倫理学』のようなテクニカルタームとしての「プロネーシス」はないとしつつも、他方で実践知と観想知を区別していないのでもないと言っており(Rowe, pp. 82-83)、初期の著作の『エウデモス倫理学』の過度的性格やその研究の難しさが分かるのであるが、我々が今取り組んでいるT5のテクストの「プロネーシス」は「実践知」という意味であるとしている(Rowe, p. 86)。

(15) 第三部第二章で「思惟の思惟」を論じたとき、「動物が神の活動をまねて自己の存在が永遠に続くことを欲するが、しかしそれは不可能なので自己に似たものが永遠に続いていくことを欲して子孫を残す」とアリストテレスが言うのを確認したが、私がここで、観想できるものとしての人間について、「自己の存続を意識的に目的にする」と言ったことは、それと完全に対応している。動物が意識せずにやっていることを人間は意識的に行うのである。このことについては、本文でもう一度触れる。

(16) たとえば、*EN* IX 6 の「πολιτικὴ φιλία」(1167b2)を参照。

(17) 本書第二部第三章を参照。

(18) *EN* IX 8, 1168b4.

(19) *EN* IX 8, 1169a2.

(20) *EN* IX 8, 1168b30.

(21) *EN* IX 8, 1168b35.

(22) *EN* IX 4, 1168a19-21.

(23) 親が子に自分を見ることについては、*EN* VIII 12, 1161b27-29 を参照。もちろん、人が他人と結びつくのは、「自分自身の『善(τὸ εὖ)』(すなわち幸福)は、家政や国政なしには存在しない」からではあるが。

(24) 1248a21-22 を参照。なお「思案」は「βουλεύσασθαι」、「実践上の推論」は「νοῆσαι」(ここでの νοῆσαι は、1147b32 の λογίσασθαι とほぼ同じだと解した)。

(25) OCT に従って訳した。「先のこと(ἐκείνῳ)の場合にも」とは、一〇行前(1248a16)からはじまる難問を漠然と指していると解した。その難問とは、「思案の原理が思案であれば無限背進が起こってしまう(だから思案とは異なる何らかの原理があるはずだ)」ということであり、要するに、「では、魂の内の動(思案や実践上の推論)の原理は何か」ということと同じである。内容的には、「思案することや実践上の推論をすることの場合にも」ということになろう。なお、原文はかなり壊れており、様々な提案がなされている。たとえば、Kenny, p. 72, n. 39 は、OCT で「{καὶ} κἀν ἐκείνῳ. κινεῖ...」となっているところを、「καὶ πᾶν ἐκεῖ νῷ κινεῖ. κινεῖ...」と改訂し、「As God moves everything in the universe, so he moves everything here, by intelligence.」と訳している。

(26) ここに「ヌースよりもすぐれた」という言葉がある(ギリシア語の写本にはなくラテン語訳からの補い)ので、先に挙げた1248a24-27の「我々の内なる神的なもの」はヌースとは異なるものであるとWoods(第二版)p. 170 や Kenny, p. 72 は主張するが、納得できない。

(27) 通常はこの「ἡ ἀρετή」は「ἡ ἠθικὴ ἀρετή」と解されているが、そうすると直前の文とのつながりがほとんど分からない(それゆえ、Dirlmeier, (3), Décarie, (2) のように、「神以外に何があろうか」のあとに、「それは徳ではない」などと補わねばならなくなる)。それだけではなく、「エーティケー・アレテーがヌースの道具である」というアリストテレス的ではない文が生じてしまう(それゆえ、Kenny, p. 73, n. 40 は、徳を用いるのはプロネーシスでなければならないので、ここの「ヌース」はプロネーシスだとしている)。しかし、「ἡ ἀρετή」は、「そのアレテー」ということで、「ἡ διανοητικὴ ἀρετή」としてのエピステーメーを指していると考えればよいのではないだろうか。

(28) 「厳密な意味の自己を、拡大された意味の『自己』にする」とは、別の角度から言えば、何を『自己』としてみるかということを規定する視野を拡大させることである。

(29) Heinaman, p. 52.

(30) Curzer, (2), pp. 63-64.

(31) Curzer, (2), p. 63, n. 19.

(32) *EN* III 5, 1114a3-7.

(33) *EN* III 5, 1114b23.

(34) *EN* I 9, 1100a1-3.

結論

I

さて、以上の三つの考察から、アリストテレスの学問体系において諸学は、彼自身が言うように、確かに領域学として互いに自立していること、しかし領域学としてのあり方を超えていく第一哲学だけが他の学にはない独特の機能をもっていること、これらのことが明らかになったと思われる。その独特の機能とは、第一哲学のための（もちろん領域学のためにもなる）[1]道具的理論──全存在を考察するための「存在としての存在の学」──を作ること、そして、相互に独立する諸学の固有の命題を論証することはないが、その学自身の行う論証によっては得ることができないその学の基礎を与えることである。いいかえると、領域学の対象を存在の上で基礎づけているものを解明することによって、その学を支えているのである。自然学は、第一哲学の力を借りることなしには、世界全体の動についての考察を完結させることはできない。第一哲学だけが、超越的なものとしての神の存在を保証し、またその神を、積極的に、ヌースであると規定するからである。また、倫理学はその中核である幸福論において第一哲学の成果を利用せざるをえない。幸福を成立させるために実践は観想を必要とするが、観想が何であるかは、観想の対象・神によって明らかになる。しかし、神──特にその活動である思惟の思惟──は倫理学によっては明らかにできず、第一哲学が明らかにするものだからである。第一哲学は、このように領域学の対象を存在の上で基礎づけている神を明らかにするという仕方で自然学と倫理学を基礎づけ支えているのではないだろうか。しかしそもそも第一哲学がこのような独特の機能をもつのは、領域学としての神学がその中心にあったからである。それゆえ、アリストテレスの哲学は全体として神学を中心に構想されており、アリストテレスが個々の研究を遂行する上で推進力になっていたのは、神そのもの、および神と自然的世界や人間との関係を認識したいという欲求だった――そしてその欲求は、人間の幸福はその認識にかかっているという確信から生じていた――と考えられよう。

II

次に、三つの考察の哲学的含意に触れておきたい。

まず第一部について。*τὸ ὂν ᾗ ὄν* の学についてここで提出された見解は、一般に「存在論」と呼ばれているものの本性を考える上で、ささやかかもしれないが、一つの示唆を与えるであろう。普通に「存在論」と言われているものは、特定の対象の認識や特定の価値観から離れて、何か世界自体とか実在自体といったものを、その本性に即して、あるいは認識一般の本性に即して、把握する普遍的な方式を与える理論であろう。それは、あらゆるものをみる際に働かざるを得ないほど普遍的で、われわれのものの見方を根本的に拘束するものとも考えられている。しかし、ここで、*τὸ ὂν ᾗ ὄν* の学に関して提出された見解によれば、存在論には、世界一般や実在一般あるいは認識一般というようなものではなく、何らかの特定のものや領域を認識したいという動機、または、何か特定の価値観や生き方に基づいたことを行うための手段や道具を得たいという動機が先行しており、この動機がその存在論の性格や具体的な構成を規定すると考えられる。ヴォルフ流の存在論が、形式的で内容の空虚な「存在」という言葉をただ反復するだけの不毛さに陥ったのも、存在論には特定の動機が先行するということを見抜けず、ただ単に普遍的な把握方式をめざしてしまったからではないか。つまり、存在論の自立化によるのではないか。それゆえ、内実のある存在論が成立するとすれば、それは、世界それ自体を把握しなおしたり認識論的反省をすることによってよりむしろ、存在論が自立したものではないこと——存在論の道具的性格——を自覚し、存在論を規定する具体的な特定の価値観を問い直すことによってではないだろうか。

III

次に第二部について。ここでは自然学の根本的限界について世界全体の動の説明の問題を中心に考えたが、世界全体の目的論的性格の問題の場合でも同様に自然学の限界が露呈されると思われる。最近のアリストテレス目的論の研究では、世界全体の目的論的性格を認めない傾向がある。(2) それは、「植物の成長のために雨が降る」とか「動物のために植物がある」といった世界の目的論的秩序をもはや信じられない現代の我々にも納得できるような目的論解釈を提示したいという動機のせいもあるが、自然学的著作には世界の合目的性(たとえば或る生き物が別の生き物のためであるといったような)をはっきりと示唆する箇所が一カ所しかない(3)ということも無視できない。それは次のようなテクストである。

「さて、泳ぐ動物は口に関しても違いがある。実際、先端に口があるものもいれば、イルカや軟骨魚類のように腹の側にあって、それゆえひっくりかえって腹を上にしてエサをとるものもいる。自然がそれを腹の側につくったのは、他の動物を救うため（つまり、すべてこういった動物は、他の生きた動物をエサにするのであるが、ひっくりかえってのろのろしている間に、他の動物は逃げることができるわけである）だけではなく、彼ら自身がどん欲にエサをとらないようにだとも考えられる。というのは、もし容易にエサがとれるとすれば、どん欲な彼らは食べ過ぎによって滅んでしまうだろうからである」（『動物部分論[4]』第四巻第一三章、六九六b二四〜三三）

このテクストのうちの「軟骨魚類の口が腹の側にあるのは他の動物を救うためである」という箇所が、ある生物（の構造）がそれとは別の生物のためになっていることをはっきり示唆する唯一の箇所なのである。このように、自然学的著作においては、世界の合目的性についての言明はほとんどないと言ってよい。それに対して、自然学以外の著作、すなわち『形而上学』Λ巻や『政治学』では、むしろ雄弁に語っている[5]。

「ところでそのような（生きていくのに必要な）獲得は、自然自身によって、すべて（の動物）に、ちょうど生まれてすぐの場合のように、成長したものにも与えられるということは明らかである。

実際、子を生んだはじめの時期に、動物のうちの或るものは、生まれたものが自分で自分に（栄養・食料を）供給できるようになるまでは十分であるだけの栄養を一緒に生み出すのである。たとえば、幼虫を生むか、あるいは卵を生む限りのものがそうである。しかし、胎生的である限りのものは、生まれるもののために、ある時まで自分のうちに栄養いわゆる乳というものをもっているのである。

したがって、同じ仕方で次のようなことが明らかである。すなわち、生まれてしばらくたったものにとっても、植物は動物のために存在し、他の（人間以外の）動物は人間のために存在する。家畜は使用のためや食料のために、野生動物については、すべてではないにしても、大部分が食料やその他の助けのためになる。それらから衣服やその他の道具が生じるようにと。——このように考えられなければならないのは明らかである。それで、もし自然がなにものも無目的に無駄にはなさないのだとしたら、自然がそれらすべて（の動物）を人間のためにつくったのであることは必然である」（『政治学』第一巻第八章一二五六b七〜一二）

これは全く自然学的な叙述のようであり、なぜこれが自然学的著作ではなく他ならぬ『政治学』でなされねばならなかったのか理解しにくい。しかしテクストをよく読んでみると、純粋に自然学的であるのは「生まれてすぐの場合」だけであることに気づく。「生まれてしばらくたったものの場合」は、「家畜、使用、衣服、道具」といった自然学の対象とは言えない要素が含まれている。このテクストは、自然学の枠組みを踏み越えている。自然学の枠組みを超えさせるのは、自然学自身ではあり得ない。それは、自然に働きかけ使用する人間を対象とする『政治学』の、自然学の枠を超えた実践学的視野ではないだろうか。『形而上学』Λ巻の場合も同様であり、自然学の枠を超えた神学的視野が世界の合目的性を認識させるのではないだろうか。世界は合目的性を持つにもかかわらず、そのことを自然学が認識できないのは、自然学が、自然学である限り、世界を全体としてみることを完全には遂行できないことを示唆していると考えられる。

IV

最後に第三部について。ここで私が主張したのは、思惟の思惟を営む神が世界に対して果たしているのと同じ役割を、神を観想する——神の「思惟の思惟」をまねる——人間のヌースが、実践する人間に対して果たすのではないかということであった。世界内の事物が、思惟の思惟を営む神の自己関係活動をまねることによって、自分自身の本性(ピュシス)に関係し、自己を実現するように、個人という通常の意味の自己が、社会(ポリス)において、誰に対して、あるいは誰とともに、何をなすべきか・実践すべきかという課題は、拡大された意味の「自己」をふりかえることによって分かるのであるが、この「自己」反省が最高・最善のものであることを人間に認識させ行わせるのが、思惟の思惟を営む神を観想することなのである。この場合、「世界に対する神」と「人間に対するヌース」がパラレルであるが、このことは、アリストテレスが、自然的世界にも人間的世界にも神を頂点とする構造の同一性を見ているということを示していると考えられる。たしかに、両者は、学問論(学問分類論)の観点から理論学の対象と実践学の対象に厳格に区別されているのであるが、学問論の視点ではなく、神学の視点が、両者の構造の同一性を見ることを可能にするのではないだろうか。それゆえ、自然的世界と人間的世界が学問領域として分断されつつ、その構造がパラレルであることを見落とさないためにも、神学の視点をもう一度はっきり立てることが重要になってくるのである。

V

アリストテレスは、『動物部分論』第一巻第五章の「生物学のすすめ」で、崇高な天体の研究だけを尊び、ありふれた下等な(しばしば見栄えの悪い)生物の研究をいやがるようではいけないということを示すために、ヘラクレイトスの逸話を引いている。それは、かの有名なヘラクレイトスに会いたいと思ってやってきた人たちの話である。彼らは、ヘラクレイトスがさぞすばらしい研究をしていることだろうと期待して彼の家を訪ねたのだった。しかし彼は、かまどで暖をとるというごくありふれたことしかしていなかった。がっかりしたのやら、こんなところをみるのは失礼だと思ったのやら、彼らが躊躇していると、ヘラクレイトスは中にはいることをすすめた。そのとき彼は、

「ここにも神々がいますゆえ」(六四五a二一)

と言ったという。「ここ」というのは、直接にはかまどのことであるが、アリストテレスは、下等な生き物の世界のことを言っているのである。天体はもちろん神的であるが、ありふれた生き物にも神の働きをみることができるがゆえに研究に値する。この言葉は、アリストテレスの場合、生物学だけではなく、自然学一般にも、倫理学にすらもふさわしいように思われる。なぜなら、天体だけでなく生き物のうちにも神々の働きを見て取るべきであるように、人間やポリスの秩序のうちにも神的な働きを見て取るべきだからである。

(1) 領域学は、存在としての存在の学の概念装置を部分的に利用するが、すべてを利用するわけではない。

（2） Furley, pp. 177-178 を参照。

（3） はっきりとではないが示唆すると考えられる箇所としては、*Phys.* II 8, 198b10,-198a8（雨が穀物のために降る例）もある。ただし、この箇所については論争があって評価が定まっていない。この点についてもFurley を参照。

（4） Peck のテクストによる。

（5） 『形而上学』Λ巻については、本書第三部第二章を参照。

あとがき

本書は、一九九五年度に京都大学大学院文学研究科に提出した博士論文です。今回、「岩波アカデミック叢書」で出版させていただくにあたり、必要な加筆修正をおこないましたが、主張内容自体は変わっていません。

博士論文を書くにあたっては、古典的な「永遠の問題」に真正面から取り組みたいと考えました。全体として、アリストテレス哲学の体系的骨格を明らかにすることを狙いとし、彼の形而上学(すなわち神学としての第一哲学と「存在としての存在」の学が独特な仕方で関係したもの)の本性を明らかにして(本書第一部)、それと理論学としての自然学および実践学としての倫理学がいかに関係するかを解明しようとしました(本書第二部および第三部)。

第一部では、神学の対象である神は第一の実体・原因であるが故に普遍的に全存在の原因でもあり、従って神学としての形而上学は神を対象とするだけの特定の領域学にとどまらず、全存在つまり「存在としての存在」をも対象としなければならない——このような仕方で神学と存在論を統一的に把握しようとしました。

第二部では、特に『形而上学』Λ巻第七章半ばで、それまでの自然学的議論(『自然学』第八巻を確認する議論)から神=ヌース(知性)説の提示へ移行する場面に自然学と形而上学の結節点を見いだし、その神=ヌース(知性)説の分析を通じて、形而上学が自然学と異なる点を、内容と方法の面で対比させつつ、明らかにしました。

第三部では、アリストテレス倫理学の根本問題の一つである幸福論を手がかりとして、幸福の成立に大きい役割を果たす観想を、神を観想することに限定して、神学としての形而上学と倫理学の接点を見いだそうとしました。思惟の思惟を営む神は、自分自身に関わる自己関係性を最も完全に実現しており、このような神を観想することは、人間の知性においてそのような自己関係性を不完全ながらも再現することであり、これは、自他の区別をつけ、そして自己を配慮することを可能にする。神の営む思惟の思惟は人間の知性のあり方の模範を示しており、現実から最も遠いところにあると思われている思惟の思惟は、このようにして現実的な人間的生の現場へ繰り込まれる――以上のように主張しました。

この研究の最終的な狙いは、アリストテレスの形而上学(第一哲学)を、メタ・ピュシカとしてだけではなく、メタ・エチカとしても解明するということでしたが、そのためにはさらなる研究が必要であり、今後の課題としたいと思います。

この博士論文がなるにあたっては、特に次の方々にお世話になりました。古代哲学研究室で勉強することを許していただいた藤澤令夫先生、現在に至るまで温かく御指導いただいている内山勝利先生、いつも的確な批判をいただき博士論文についても多くの有益な助言をいただいた中畑正志先生、アリストテレスの読書会に長年つきあってくださった赤井清晃先輩と濱岡剛先輩、トマスのアリストテレス註解の読書会につきあってくださり博士論文の草稿に目を通していただいた藤本温さんに、心からお礼を申し上げます。

二〇〇二年九月

坂下浩司

■岩波オンデマンドブックス■

アリストテレスの形而上学
——自然学と倫理学の基礎

2002年12月20日　第1刷発行
2016年2月10日　オンデマンド版発行

著　者　坂下浩司《さかしたこうじ》

発行者　岡本　厚

発行所　株式会社　岩波書店
〒101-8002 東京都千代田区一ツ橋2-5-5
電話案内 03-5210-4000
http://www.iwanami.co.jp/

印刷／製本・法令印刷

ISBN 978-4-00-730382-1　　Printed in Japan

索　引

〔事項索引〕

ア 行

カ 行

サ 行

タ 行

〔人名索引〕

文　献

Ackrill, J.L., (1), Aristotle on Eudaimonia. 1974. In : Rorty, (1), pp.15-33.

Ackrill, J.L., (2), *Aristotle the Philosopher*. Oxford, 1981.（邦訳、藤澤令夫・山口義久訳『哲学者アリストテレス』、紀伊国屋書店、1985）

Adkins, A.W.H., Theoria versus Praxis in the *Nicomachean Ethics* and the *Republic*. *Classical Philology*, 73, 1978. pp.297-313.

Alexander Aphrodisiensis, *In Aristotelis Metaphysica Commentaria*. ed., M. Haydack. (Com. in Ar. Gr., Vol.I.) Berlin, 1891.

Allan, D.J., *Aristotelis De Caelo*. Oxford (OCT), 1936.

Anscombe, G.E.M./Geach, P.T., *Three Philosophers*. Oxford, 1961.（邦訳、野本和幸・藤澤郁夫訳『哲学の三人』、勁草書房、1992）

Anton, J.P./Preus, A. (ed.), *Essays in Ancient Philosophy*, II. Albany, 1983.

Apostle, H.G., *Aristotle's Metaphysics*. Bloomington and London, 1966.

Arnim, H.v., Die Entstehung des Gotteslehre des Aristoteles. 1931. Reprinted in : Hager, (1), pp.1-74.

Asclepius, In *Aristotelis Metaphysicorum Libros A-Z Commentaria*. ed., M. Haydack. (Com. in Ar. Gr., Vol.VI-2.) Berlin, 1888.

Aubenque, P. (ed.), *Études sur la Métaphysique d'Aristote*. Paris, 1979.

Barnes, J., Aristotle and the Methods of Ethics, 1980. Reprinted in : Müller-Goldingen, pp.461-482.

Barnes, J./Schofield, M./Sorabji, R. (ed.), *Articles on Aristotle*. Vol.1. *Science*. Vol.2. *Ethics and Politics*. Vol.3. *Metaphysics*. Vol.4. *Psychology and Aesthetics*. Duckworth, 1979.

Barthelemy-Saint-Hilaire, J., *Métaphysique d'Aristote*. 3 Vols. Paris, 1879.

Bywater, I., *Aristotelis Ethica Nicomachea*. Oxford (OCT), 1894.

Beriger, A., *Die aristotelische Dialektik : Ihre Darstellung in der Topik und in den Sophistischen Widerlegungen und ihre Anwendung in der Metaphysik M1-3*. Heidelberg, 1989.

Bonitz, H., (1), *Aristotelis Metaphysica*. 2 Bde. Bonn, 1848-1849.

Bonitz, H. (Übers.), (2), Seidl, H. (Einl. und Komm.), Christ, W. (Text), *Aristoteles' Metaphysik*. 2 Bde. Hamburg (Phb), 1978.

Brinkmann, K., *Aristoteles' Allgemeine und Spezielle Metaphysik*. Berlin, 1979.

Bröcker, W., *Aristoteles*. Frankfurt am Main, 1935.

Burger, R., Aristotle's 'Exclusive' Account of Happiness : Contemplative Wisdom as a Guise of the Political Philosopher. In : Sim, pp.79-98.

Burnet, J., *The Ethics of Aristotle*. London, 1900.

Cassin, B./Narcy, M., *La Décision du Sens : Le livre Gamma de la Métaphysique d'Aristote*. Paris, 1989.

Chen, C.-H., On Aristotle's *Metaphysics* K 7,1064a29 : τοῦ ὄντος ᾗ ὂν καὶ χωριστόν. *Phronesis*, 6, 1961. pp.53-58.

Colle, G., *Aristote, La Métaphysique IV*. Louvain, 1931.

Cooper, J.M., (1), *Reason and Human Good in Aristotle*. Harvard, 1975.

Cooper, J.M., (2), Aristotle on the Goods of Fortune. *The Philosophical Review*, 94, 1985. pp.173-196.

Cooper, J.M., (3), Contemplation and Happiness : A Reconsideration. *Synthese*, 72, 1987. pp.187-216.

Crisp, R., White on Aristotelian Happiness. *Oxford Studies in Ancient Philosophy*, 10, 1992. pp.233-240.

Curzer, H.J., (1), Criteria for Happiness in *Nicomachean Ethics* I 7 and X 6-8. *Classical Quaterly*, 40, 1990. pp.421-432.

Curzer, H.J., (2), The Supremely Happy Life in Aristotle's *Nicomachean Ethics*. Apeiron, 24, 1991. pp.47-69.

Davidson, J.D., Appearances, Antirealism, and Aristotle. *Philosophical Studies*, 63, 1991. pp.147-166.

Décarie,V., (1), *L'objet de la Métaphysique selon Aristote*. Montreal/Paris, 1961.

Décarie,V., (2), *Aristote, Éthique à Eudème*. Paris/Montreal, 1978.

Defourny, P., L'activitè de contemplation dans les Morales d'Aristote. 1937. Translated into German in : Hager, (2),pp.219-234. 独訳版を用いる。

Dirlmeier, F., (1), *Aristoteles, Nikomachische Ethik*. Darmstadt, 1956.

Dirlmeier, F., (2), *Aristoteles, Magna Moralia*. Darmstadt, 1958.

Dirlmeier, F., (3), *Aristoteles, Eudemische Ethik*. Darmstadt, 1963.

Drossaart Lulofs, H.J., *Aristotelis De Generatione Animalium*. Oxford (OCT), 1965.

Dudley, J., *Gott und Theoria bei Aristoteles : Die metaphysische Grundlage der Nikomachischen Ethik*. Frankfurt am Main/Bern, 1982.

Düring, I., (1), *Aristoteles : Darstellung und Interpretation seines Denkens*. Heidelberg, 1966.

Düring, I. (Hrsg.), (2), *Naturphilosophie bei Aristoteles und Theophrast*. Heidelberg, 1969.

Düring, I. and Owen, G.E.L. (ed.), *Aristotle and Plato in the Mid-Fourth Century*. Goeteborg, 1960.

Elders, L., *Aristotle's Theology : A Commentary on Book Λ of the Metaphysics*. Assen, 1971.

Eriksen, T.B., *Bios Theoretikos : Notes on Aristotle's Ethica Nicomachea X,6-*

8. Oslo, 1976.

Furley, D., The Rainfall Example in *Physics* ii 8. In : Gotthelf, pp.177-182.

Gadamer, H.-G., *Aristoteles, Metaphysik XII*. Frankfurt am Main, 1948. 4th ed., 1984.

Gauthier, R.A./Jolif, J.Y., *L'Ethique ã Nichomaque*. 2 vol. Paris, 1959. 2nd ed.,1970.

Gigon, O., Phronesis und Sophia in der *Nicomach. Ethik* des Aristoteles. 1975. Reprinted in : Müller-Goldingen, pp.357-370.

George, R., An Argument for Divine Omniscience in Aristotle. *Apeiron*, 22. 1989. pp.61-74.

Gomez-Lobo, A., The Ergon Inference. *Phronesis*, 34, 1989. pp.170-184.

Gotthelf, A. (ed.), *Aristotle on Nature and Living Things : Philosophical and Historical Studies*. Pittsburgh/Bristol, 1985.

Graham, D.W., *Aristotle's Two Systems*. Oxford, 1987.

Guthrie, W.K.C., (1), The Development of Aristotle's Theology, I. 1933. Translated into German in : Hager, (1), pp.75-95. 独訳版を用いる。

Guthrie, W.K.C., (2), *Aristotle, On the Heavens*. Harverd (Loeb), 1939.

Guthrie, W.K.C., (3), *A History of Greek Philosophy*, Vol.VI, *Aristotle : an encounter*. Cambridge, 1981.

Hager, F,-P. (Hrsg.), (1), *Metaphysik und Theologie bei Aristoteles*. Darmstadt, 1969.

Hager, F,-P. (Hrsg.), (2), *Ethik und Politik des Aristoteles*. Darmstadt, 1972.

Happ, H., *Hyle : Studien zum aristotelischen Materie-Begriff*. Berlin/NewYork, 1971.

Hardie, W.F.R., (1), The Final Good in Aristotle's *Ethics*. 1965. Reprinted in : Moravcsik, pp.297-322.

Hardie, W.F.R., (2), *Aristotle's Ethical Theory*. Oxford, 1968. 2nd ed., 1980.

Hardie, W.F.R., (3), Aristotle on the Best Life for a Man. *Philosophy*, 54, 1979. pp. 35-50.

Heinaman, R., Eudaimonia and Self-sufficiency in the *Nicomachean Ethics*. *Phronesis*, 33, 1988. pp.31-53.

Hill, S., Two Perspectives on the Ultimate End. In : Sim, pp.99-114.

Irwin, T., (1), *Aristotle, Nicomachean Ethics*. Indianapolis/Cambridge, 1985.

Irwin, T., (2), Permanent Happiness : Aristotle and Solon. *Oxford Studies in Ancient Philosophy*, 3, 1985. pp.89-124.

Irwin, T., (3), *Aristotle's First Principles*. Oxford, 1988.

Jaeger, W., (1), *Aristoteles : Grundlegung einer Geschichte seiner Entwicklung*. Berlin, 1923.

Jaeger, W., (2), *Aristotelis Metaphysica*. Oxford (OCT), 1957.

Joachim, H.H., *Aristotle, On Coming-to-be & Passing-away*. Oxford, 1922.

Kahn, C.H., The Place of the Prime Mover in Aristotle's Teleology. In : Gotthelf, pp. 183-205.

Kamp, A., *Die politische Philosophie des Aristoteles und ihre metaphysischen Grundlagen : Wesenstheorie und Polisordnung*. München, 1985.

Kenny, A., *Aristotle on the Perfect Life*. Oxford, 1992.

Keyt, D., (1), Intellectualism in Aristotle. In : Anton, pp.364-387.

Keyt, D., (2), The Meaning of **ΒΙΟΣ** in Aristotle's *Ethics and Politics. Ancient Philosophy*, 9, 1989. pp.15-21.

Keyt, D./Miller, F.D. (ed.), *A Companion to Aristotle's Politics*. Blackwell, 1991.

Kirwan, C., *Aristotle's Metaphysics ΓΔΕ*. Oxford, 1971.

Krämer, H.J., (1), Zur geschichtlichen Stellung der aristotelischen Metaphysik. *Kantstudien*, 58, 1967. pp.313-354.

Krämer, H.J., (2), Grundfrage der aristotelischen Theologie, Erster Teil, Die Noesis noeseos bei Aristoteles. *Theologie und Philosophie*, 44, 1985. pp.363-382.

Kraut, R., (1), *Aristotle on the Human Good*. Princeton, 1989.

Kraut, R., (2), Reply to Professor Roche. In : Sim, pp.139-148.

Königshausen, J.-H., *Ursprung und Thema von Erster Wissenschaft : Die aristotelische Entwicklung des Problems*. Amsterdam/Atlanta, 1989.

Kullmann, W., Der Mensch als politisches Lebewesen bei Aristoteles. 1980. Translated into English in : Keyt/Miller, pp.94-117. 英訳版を用いる。

Lang, H.S., (1), Aristotle's First Movers and the Relation of Physics to Theology. *New Scholasticism*, 52, 1978. pp.500-517.

Lang, H.S., (2), Why Fire Goes Up : An Elementary Problem in Aristotle's Physics. *Review of Metaphysics*, 38, 1984. pp.69-106.

Lang, H.S., (3), The Structure and Subject *of Metaphysics Λ*. *Phronesis*, 38, 1993. pp.257-280.

McDowell, J., The Role of Eudaimonia in Aristotle's Ethics. 1980. In : Rorty, (1), pp. 359-376.

MacMahon, J.H., *The Metaphysics of Aristotle*. London, 1857.

Mansion, A., Philosophie première, philosophie seconde et métaphysique chez Aristote. 1958 ; Translated into German in : Hager, (1), pp.299-366. 独訳版を用いる。

Manuwald, B., *Studien zum Unbewegten Beweger in der Naturphilosophie des Aristoteles*. Mainz/Stuttgart, 1989.

Merlan, P., (1), *From Platonism to Neoplatonism*. Hague, 1953.

Merlan, P., (2), Metaphysik : Name und Gegenstand.1957. Reprinted in : Hager, (1), pp.251-265.

Minio-Paluello, L., *Aristotelis Categoriae et Liber de Interpretatione*. Oxford (OCT), 1949.

Moline, J., Contemplation and the Human Good. *Nous*, 17, 1983. pp.37-53.

Moraux, P./Harlfinger, D. (Hrsg.), *Untersuchungen zur Eudemischen Ethik*. Berlin, 1971.

Moravcsik, J.M.E. (ed.), *Aristotle : A Collection of Critical Essays*. Macmillan, 1968.

Müller-Goldingen, C. (Hrsg.), *Schriften zur aristotelischen Ethik*. Hildesheim, 1988.

Natorp, P., Thema und Disposition der aristotelischen Metaphysik. *Philosophische Monatshefte*, 24, 1888. pp.37-65, 540-574.

Newman, W.L., *The Politics of Aristotle*. 4 Vols. Oxford, 1887.

Norman, R., Aristotle's Philosopher-God. 1969. In : Barnes et al.,Vol.4. pp.93-102.

Nussbaum, M.C., *The fragility of goodness : Luck and ethics in Greek tragedy and philosophy*. Cambridge, 1986.

Oehler, K., (1), *Die Lehre vom Noetischen und Dianoetischen Denken bei Platon und Aristoteles : Ein Beitrag zur Erforschung der Geschichte des Bewusstseinsproblems in der Antike*. München, 1962. 2nd ed., Hamburg, 1985.

Oehler, K., (2), Rezention zu Krämer, H.J. *"Der Ursprung der Geistmetaphysik"*. *Gnomon*, 40, 1968. pp.641-653.

Oehler, K., (3), *Der Unbewegte Bewegter des Aristoteles*. Frankfurt am Main, 1984.

Owen, G.E.L., 'Tithenai ta Phainomena', 1961. In : Barnes et al., Vol.1. pp.113-126.

Owens, J., (1), *The Doctrine of Being in the Aristotelian 'Metaphysics' : A Study in the Greek Background of Mediaeval Thought*. Toronto, 1951. 3rd ed., 1978.

Owens, J., (2), The Relation of God to world in the *Metaphysics*. In : Aubenque, pp. 207-222.

Patzig, G., Theologie und Ontologie in der *'Metaphysik'* des Aristoteles. 1960/61. Translated into English in : Barnes et al., Vol.3. 英訳版を用いる。

Paulus, J., La Théorie du Premier Moteur chez Aristote. *Revue de Philosophie*, 33, 1933. pp.259-294, 394-424.

Peck, A.L., (1), *Aristotle, Parts of Animals*. Forster, E.S., *Movements of Animals, Progression of Animals*. Harvard (Loeb), 1937.

Peck, A.L., (2), *Aristotle, Generation of Animals*. Harvard (Loeb), 1953.

Peck, A.L., (3), *Aristotle, Historia Animalium. Books i-vi*. Harvard (Loeb), 1965-70.

Pegis, A.C., St.Thomas and the Coherence of the Aristotelian Theology. *Mediaeval Studies*, 35, 1973. pp.67-117.

Rackham, H., (1), *Aristotle, Nicomachean Ethics*. Harvard (Loeb), 1926.

Rackham, H., (2), *Aristotle, Eudemian Ethics*. Harvard (Loeb), 1935.

Reale, G., *Il concetto di filosofia prima e l'unita della metafisica di Aristotele*. Milano, 1961. Translated into English : *The Concept of First Philosophy and the Unity of the Metaphysics of Aristotle*. New York, 1980. 英訳版を用いる。

Reeve, C.D.C., *Practices of Reason : Aristotle's Nicomachean Ethics*. Oxford, 1992.

Reiner, H., Die Entstehung und Ursprungliche Bedeutung des Namens Metaphysik. 1954. Reprinted in : Hager, (1), pp.139-174.

Rist, J.M., *The Mind of Aristotle : A Study in Philosophical Growth*. Toronto, 1989.

Roche, T.D., (1), Ergon and Eudaimonia in *Nicomachean Ethics* I : Reconsidering the Intellectualist Interpretation. *Journal of the History of Philosophy*, 26, 1988. pp.175-194.

Roche, T.D., (2), The Ultimate End of Action : A Critique of Richard Kraut's *Aristotle on the Human Good*. In : Sim, pp.115-138.

Rolfes, E., *Aristoteles' Metaphysik*. 2 Bde. Leibzig (alte Phb), 1904.

Rorty, A.O. (ed.), (1), *Essays on Aristotle's Ethics*. University of California Press, 1980.

Rorty, A.O., (2), The Place of Comtemplation in Aristotle's *Nicomachean Ethics*. 1978. Reprinted in : Rorty, (1), pp.377-394.

Ross, W.D., (1), *Aristotle's Metaphysics*. 2 Vols. Oxford, 1924.

Ross, W.D., (2), *Aristotle's Physics*. Oxford, 1936.

Ross, W.D., (3), *Aristotle's Prior and Posterior Analytics*. Oxford, 1949.

Ross, W.D., (4), *Aristotelis Physica*. Oxford (OCT), 1950.

Ross, W.D., (5), *Aristotelis De Anima*. Oxford (OCT), 1956.

Ross, W.D., (6), *Aristotelis Politica*.Oxford (OCT), 1957.

Ross, W.D., (7), *Aristotelis Topica et Sophistici Elenchi*. Oxford (OCT), 1958.

Ross, W.D., (8), *Aristotle De Anima*. Oxford, 1961.

Ross, W.D., (9), *Aristotelis Analytica Priora et Posteriora*. Oxford (OCT), 1964.

Rowe, C.J., The Meaning of φρόνησις in the *Eudemian Ethics*. In : Moraux, pp.73-92.

Seeck, G.A. (Hrsg.), (1), Die *Naturphilosophie des Aristoteles*. Darmstadt, 1975.

Seeck, G.A., (2), Leicht-Schwer und der Unbewerte Beweger (*De Caelo* IV 3 und *Phys*. VIII 4). In : Düring, (2). Reprinted in : Seeck, (1), pp.391-399.

Schrader, W., Ob Aristoteles Gott hat beweisen wollen? *Perspektiven der Philosophie*, Bd.11, 1985. pp.157-248; Bd.12, 1986. pp.197-208; Bd.13, 1987. pp.273-298.

Schuppe, W., *Die aristotelische Kategorien*. Berlin, 1871.

Schwarz, F., *Aristoteles Metaphysik*. Stuttgart (Reclam),1979.

Schwegler, A., *Die Metaphysik des Aristoteles*. 4 Bde. Tübingen, 1847-1848.

Shea, J., The Commensurability of Theorizing and Moral Action in the *"Nicomachean Ethics"*. *Philosophy and Phenomenological Research*, 48, 1988. pp.753-755.

Sim, M. (ed.), *The Crossroads of Norm and Nature : Esseys on Aristotle's* Ethics

and Metaphysics. Lanham, 1995.

Simplicius, *In Aristotelis Physicorum Libros Quattuor Posteriores Commentaria.* ed., Diels, H., (Com. in Ar. Gr.,Vol.X.) Berlin, 1895.

Stemmer, P., Aristoteles' Glücksbegriff in der *Nikomachischen Ethik* : Eine Interpretation von EN I,7.1097b2-5. *Phronesis*, 37, 1992. pp.85-110.

Stewart, J.A., *Notes on the Nicomachean Ethics of Aristotle.* 2 Vols. Oxford, 1982.

Theiler, W., Die Entstehung der Metaphysik des Aristoteles. 1958 ; Reprinted in : Hager, (1), pp.266-298.

Thomas Aquinas, *In Duodecem Libros Metaphysicorum Aristotelis Expositio*. ed., Cathala, M.R./Spiazzi, R.M., Taurini/Romae, 1950.

Thorp, J., Does Primacy Confer Universality? : Logic and Theology in Aristotle. *Apeiron*, 22, 1989. pp.101-125.

Tredennick, H., *Aristotle,Metaphysics*. 2 Vols. Harvard (Loeb), 1933-5.

Tricot, J., *Aristote,La Mêtaphysique*. 2 Vols. Paris, 1933. Nouvelle edition, 1953.

Verdenius, W.J., (1), Traditional and Personal Elements in Aristotle's Religion. *Phronesis*, 5, 1960. pp.56-70.

Verdenius, W.J., (2), Human Reason and God in the *Eudemian Ethics*. In : Moraux, pp.285-297.

Wagner, H., *Aristoteles, Physikvorlesung*. Berlin, 1967.

Walzer, R.R./Mingay, J.M., *Aristotelis Ethica Eudemia.* Oxford (OCT), 1991.

White, S.A., Is Aristotelian Happiness A Good Life or The Best Life? *Oxford Studies in Ancient Philosophy*, VIII, 1990. pp.103-143.

Whiting, J., Human Nature and Intellectualism in Aristotle. *Archiv für Geschichte der Philosophie*, 68, 1986. pp.70-95.

Woods, M., *Aristotle,Eudemian Ethics.Book I, II, and VIII*. Oxford, 1982. 2nd ed., 1992.

Zeller, E., (1), *Aristotle and the Earlier Peripatetics : Being a Translation from Zeller's 'Philosophy of the Greeks'*. 2 Vols. 1897 : Rep., NewYork, 1962.

Zeller, E., (2), Bericht über die deutsche Litteratur der sokratischen,platonischen und aristotelischen Philosophie 1886, 1887. Dritter Artikel : Aristoteles. *Archiv für Geschichte der Philosophie*, 2, 1889. pp.264-271.

Zimmermann, A., *Ontologie oder Metaphysik? : Die Diskussion über den Gegenstand der Metaphysik im 13. und 14. Jahrhundert*. Leiden/Köln, 1965.